Learn Spanish

Murder Mystery, Thriller, and Detective

Short Stories for Beginners

Lingolime™
Simple. Easy. Fun.

Table of Contents

Introduction

I don't know about you, but Spanish class for me was – Boooring. Know the feeling? It's not that I didn't like the subject; it's just that all the teaching methods were the same. Spanish textbooks are typically not exciting or interesting, and they turn a vibrant language into a dull collection of strange words and confusing grammar. Spanish classes typically teach you about the language in common usage—for example, asking someone how to find the bathroom or the way to the airport. And in remote cases where you get to read stories in Spanish, they are always short and abridged versions of classics, such as Frankenstein and Dracula, or short stories that are a bit ridiculous. I can remember, to this day, a story about a guy who was having problems deciding between buying ketchup or pure tomato sauce. Riveting literature that was.

One fun way I found to learn Spanish was by reading comic books. It was the perfect way to keep me engaged with the language, mainly because it was interesting and made me want to continue learning, to know how the story ends. Spanish was suddenly fun, which made learning easier. Later on as I progressed, I moved on to reading short stories and after that full novels.

As you can tell, reading is extremely important when learning a new language. Just think about how much your native English vocabulary benefits from taking in literature. It's the same with any other language you're attempting to learn. While you might not know exactly how a sentence is structured or where the verb goes when you ask a question, immersing yourself in the language allows you to see words in context and develop an innate sense of how to put them together.

The Goal of This Book

This book aims to provide you with a different and exciting way of learning Spanish – enthralling stories filled with interesting and new vocabulary.

At the end of each story will be a summary, both in Spanish and in English, so that you can get the basic idea even if you don't understand the entire story. This will help you to see if there's something that you missed and that you might need to read again. My suggestion is to keep a notepad nearby so that you can write down the words that you don't understand or have questions about. While there will be a vocabulary review at the end of each story, it might not cover everything you are curious about. Using a dictionary or the internet to look up new vocabulary will also come in handy. The vocabulary used in these stories is for beginners and intermediates. You'll need to know the basics, like sentence structure and verb position. This is not meant to be an easy read. If you're finding it a little challenging at first, think of it as part of the fun of uncovering an interesting plot behind each story.

With all that being said, the only thing left for me to say is - let's begin! Above all, remember to have fun and enjoy your time exploring the amazing language that is Spanish.

Chapter 1:

Las Pinturas

(The Paintings)

"¡Le digo, señor, que las **pinturas** están vivas!" **Matías** intentaba hacerle entender a su jefe que no estaba **loco**, que realmente era verdad lo que decía, y que no por eso tenía que despedirlo. Su **vida** dependía de este trabajo, y **perderlo** sería lo peor que podría pasarle, al menos hasta que la evaluación psiquiátrica comenzara.

"Mire, señor Castillo, su total y absoluta falta de **compromiso** con el trabajo, sin mencionar el desastre que hizo la semana pasada, no me dejan otra opción que despedirlo. No puedo permitir que una persona como usted trabaje más en un museo de este calibre". El jefe lo miró **profundamente** y su cara estaba **inexpresiva** ante cualquier sentimiento porque si tenía alguna duda de la acción que estaba tomando hacía todo lo posible con el rostro para ocultarlo. El cuerpo **robusto**, con varias marcas de **operaciones**, tatuajes y una barba larga y prolija le daban un aspecto temible, alguien a quien no le gusta que le lleven la contraria en ningún momento, aun cuando no tiene la razón.

"¡**Déjeme** contarle por favor qué sucedió, se lo ruego!".
Los ojos de Matías estaban llenos de lágrimas y su cuerpo
temblaba ante la posibilidad de tener que dejar el puesto
por el que trabajó con mucho **esfuerzo** durante 20 años.
Su jefe lo miró, evaluándolo, y pensó que lo mejor sería
darle el gusto, así podría terminar con ese problema
rápidamente. Hizo un gesto despectivo con su mano
derecha indicando que podía empezar a contar su versión
de los hechos una vez más. Un museo jamás se detenía,
siempre había trabajo, y siempre había algo por hacer, si
no era limpieza, era **catalogación**, o incluso, **papeles
administrativos** solicitando nuevas obras o compras de
materiales. Su atención no podía enfocarse durante tanto
tiempo en un solo lugar.

"Señor, hace una semana estaba trabajando durante el
turno nocturno, como usted me ordenó. En principio, mi
recorrido de siempre era primero comenzar en el sector de
pinturas **renacentistas**, para luego ir al arte **barroco**, y
terminar en el arte **moderno**".

Mientras Matías hablaba, el recuerdo de esa noche
terrorífica le vino a la cabeza de una forma **vívida,** como
si le estuviese ocurriendo de nuevo. El museo, tan grande,
tan viejo, tan especial, se abría vacío enfrente de él.
Realmente adoraba ese **turno**, aunque le traía problemas
con su familia él creía que lo mejor era poder trabajar de
noche, solo, lejos de la gente, de los adultos interesados
por sus teléfonos móviles, de los niños **gritando** y
corriendo, de las preguntas molestas que se pueden
responder con una simple mirada hacia los carteles, y en
particular, del horrible ruido que acompaña cuando se
encuentran un grupo de personas lo suficientemente

grandes. Aunque el horario nocturno era su favorito, a su esposa e hijos no les gustaba porque llegaba muy cansado y dormía cuando ellos estaban despiertos. Pero cada vez que aparecía la **oportunidad** de poder hacer esas horas extras, las aceptaba sin dudarlo. Necesitaban el dinero, no importaba qué pensaba su esposa. Y sus hijos tarde o temprano lo entenderían.

Salió de su **oficina** después de tomar un **café** negro, estiró las piernas y comenzó a caminar por el sector de arte y pinturas renacentistas. Era el lugar que más admiraba y adoraba de todo el museo, Matías nunca fue educado en las artes más allá de conocer alguna que otra **obra** famosa porque había dejado el **colegio secundario** antes de tiempo para poder trabajar y ayudar a su familia. Trató de retomar los estudios varias veces, pero se dio cuenta que el tiempo había pasado y que lo mejor sería que se dedicara a darle un futuro mejor a su familia, para buscar **oportunidades** que él jamás pudo tener.

Había algo en las pinturas renacentistas que llegaba profundamente a su alma. Quizás era porque a diferencia del arte moderno, era el arte más tradicional que quería rendir **homenaje** a lo de siempre y el más fácil de entender como arte. Su **caminata** lo llevó delante de una obra de Rafael Sanzio. Era un **autorretrato** donde la **dulce** mirada del pintor le daba la sensación de que le podía leer el alma. Una vez, Matías había escuchado explicar al guía del museo que esto se debía a la manera tan familiar y a la vez tan **revolucionaria** en que estos pintores habían hecho sus retratos. No sabía si esto era cierto, o si simplemente el guía estaba mintiendo, pero Matías decidió que parecía una mentira **suficientemente** verdadera para creerla. Solía quedarse unos minutos delante de ese retrato gigante mirándolo en toda su belleza, pensando quién era Rafael verdaderamente, qué comida le gustaba, qué era lo que más quería en la vida, si tenía algún amor **prohibido** o si amaba los días lluviosos como él. Quizás las respuestas a estas preguntas ya existían, quizás algún historiador tenga los registros que indicaran que Rafael adoraba ir al mar o comer pasta con queso **fundido,** pero Matías no tenía manera de saberlo.

Antes de seguir con su caminata diaria, cada vez que pasaba frente a él lo miraba y decía en voz alta "Buenas noches, Rafael", como si estuviese **vivo.** Hasta ahora el **silencio** del museo era su única **respuesta,** pero esa noche escuchó claramente un "Buenas noches, Matías", que provenía de la pintura. Pensó que era una **ilusión**, un simple truco de su cabeza por estar tan **cansado** pero al darse la vuelta, logró ver que la pintura lo estaba mirando de verdad.

"Me encantan los **paseos** por el mar, ya que te lo preguntas". Esta vez no había confusión. La voz con acento italiano provenía de la pintura. Matías estaba completamente asustado, su cuerpo temblaba ante una situación paranormal y se alejó despacio de la pintura. Detrás de él varias voces hablaron también, algunas saludando a Matías, otras intercambiando comentarios entre ellos, e incluso algunos **comenzaban** a salir de los cuadros para poder acercarse a él. "¡Queremos que seas uno de los nuestros!" dijo Rafael, extendiendo su brazo que desgraciadamente comenzó a deformarse por salir de su cuadro al mundo real.

Las formas de las pinturas se derretían a cada paso dejando una **mancha** larga de pintura en el suelo pero a las obras no les importaba lo que sucedía, ellas seguían gritando y riendo mientras se **desvanecían** con cada segundo que pasaba.

Matías estaba **aterrado**, trató de correr, pero cada una de las pinturas del museo se había salido de sus cuadros y comenzaban a perseguirlo mientras poco después se transformaban en manchas. Él intentaba esquivarlas para evitar que alguna de esas pinturas **deformes** le hiciera daño pero de la desesperación se golpeó la cabeza con un candelabro que estaba en reparación. Matías sintió un dolor punzante y perdió el conocimiento.

Al despertar, su jefe lo miraba con sorpresa y odio. Todas las obras de arte del museo estaban destrozadas, el suelo lleno de pintura y Matías estaba en el suelo **sangrando**. Contar la historia fue bastante difícil, en particular porque Matías sabía que nadie le creería. Y tenía razón en eso.

"¿Entiende lo que quiero decir, jefe? No puede echarme, le juro que las pinturas salieron anoche de sus cuadros y estaban vivas". Matías parecía desesperado, y su mirada tenía la misma pasión y locura que un hombre ahogándose. "Lo siento, señor Castillo, pero debo echarlo. Retírese, por favor".

Matías se levantó derrotado, en su mirada se encontraba la profunda **tristeza** y salió de la habitación sin poder defenderse porque lo que le había ocurrido no tenía sentido alguno. Miró hacia su caja fuerte, ingresó la **contraseña**, revisó sus **pertenencias** y se las llevó. Su ex jefe estaba satisfecho por haberlo despedido y cuando se quedó solo en el museo caminó hacia la **sala** de las pinturas y se asombró muchísimo, todas las obras estaban perfectamente colgadas en las paredes como antes, cada cosa estaba en su lugar como si nada hubiese ocurrido. "No puede ser posible, ¡es un **milagro**!" dijo el hombre llorando de la felicidad, pero le duró poco la alegría cuando se acercó a la Mona Lisa y le dijo "Por haber dudado de la palabra de tu fiel empleado pasarás toda la **eternidad** siendo una pintura más de este museo".

El Señor Castillo intentó escapar pero en menos de un minuto las palabras de la Mona Lisa se hicieron realidad y él se convirtió en pintura. Poco después, gracias a su **experiencia** laboral, Matías fue contratado en el museo más famoso de otro **país** y le dio a su familia un excelente futuro mientras que el Señor Castillo terminó siendo una pintura para siempre.

Summary

SPANISH

En esta historia el arte y el misterio se unen: El guardia de seguridad de un museo pasa la noche más impresionante de su vida, ¡las pinturas comienzan a hablar y cobrar vida! Él intenta decirle a su jefe lo que ha sucedido pero éste no le cree a pesar de que siempre ha sido un hombre honesto y lo despide. Después, el jefe recibe una maldición de una de las obras y se convierte en una pintura para siempre por no haberle creído a su fiel empleado.

ENGLISH

In this interesting story, art and mystery collide. A security guard experiences the craziest night of his life when the museum paintings begin to speak and come alive! He tries to tell his boss what had happened but his boss does not believe him. Even though the security guard has always been an honest man and a reliable employee, his boss decides to fire him. Because of his unkind act, the boss is then cursed by the Mona Lisa and is turned into a painting forever.

Let's Tackle Some Grammar!

Pinturas: Paintings
Matías: Matthew
Loco: Crazy
Vida: Life
Perderlo: To lose (something)
Compromiso: Commitment
Profundamente: Deeply
Inexpresiva: expressionless
Robusto: Strong
Operaciones: Surgeries
Déjeme: Let me
Esfuerzo: Effort
Catalogación: Cataloguing
Papeles administrativos: Administrative papers
Renacentistas: Renaissance
Barroco: Baroque (European art)
Moderno: Moderno
Terrorífica: Terrifying
Vívida: Vivid
Turno: Shift
Gritando: Shout
Oportunidad: Opportunity
Oficina: Office
Café: Coffee
Obra: artwork
Colegio secundario: High school
Oportunidades: Opportunities
Homenaje: Tribute
Caminata: A long walk or hike
Autorretrato: Self-portrait

Dulce: Sweet
Revolucionaria: Revolutionary
Prohibido: Forbidden
Fundido: Melted
Vivo: Alive
Silencio: Silence
Respuesta: Answer
Ilusión: Dream
Cansado: Tired
Paseos: Trips (take a trip)
Comenzaban: Started
Mancha: Stain
Desvanecían: Vanished
Aterrado: Terrified
Deformes: Deformed
Sangrando: Bleeding
Tristeza: Sadness
Contraseña: Password
Pertenencias: Belongings
Sala: Room
Milagro: Miracle
Eternidad: Eternity
País: Country

Questionnaire

1) ¿Dónde trabajaba el protagonista de esta historia?

    a) Museo
    b) Hospital
    c) Colegio
    d) Hotel

2) ¿Cuál era el género artístico preferido del protagonista?

    a) Barroco
    b) Renacimiento
    c) Moderno
    d) Tribal

3) ¿Qué sucedió con las pinturas?

    a) Explotaron
    b) Se quemaron
    c) Se derritieron
    d) Desaparecieron

4) ¿Cómo actuó el jefe del protagonista?

    a) Le creyó
    b) No le creyó
    c) Se rió
    d) Lloró

5) ¿Cuál fue la pintura que le habló al protagonista?

    a) Rafael Sanzio
    b) Leonardo DaVinci
    c) Andy Warhol
    d) Ninguno de los mencionados

Answers:

1) A
2) B
3) C
4) B
5) A

Chapter 2

El Misterio del Fin del Mundo

(The Mystery at the End of the World)

U n ruido en la madrugada sacudió al pueblo de San Juan. Las **noches** en ese lugar solían ser tranquilas y el pueblo era demasiado pequeño. De hecho, era tan pequeño que solo había 3 **familias** en todo el **territorio**. Como el pueblo era tan solitario no existía ninguna norma de **seguridad** porque cuando hay tan pocos habitantes, la **justicia** usualmente suele resolverse a mano propia. Cualquier conflicto entre los **habitantes** se puede solucionar de dos maneras: hablando, o usando los puños. No había habido nunca un crimen en el pueblo de San Juan, pero un domingo como cualquier otro apareció un **cuerpo** justo en la puerta de la única **iglesia** que había en el pueblo.

El **cura** Sancho vivía en una pequeña casa detrás de la iglesia. Todas las **madrugadas**, él se despertaba, tomaba un café, y se preparaba para abrir la iglesia, recoger la basura, preparaba todo para la misa y luego permanecía todo el día en la **capilla** esperando que alguien viniese a confesarle sus **problemas.** Pero nadie lo hacía. Sin embargo, esa **mañana** no fue como las de siempre. Salió a barrer las **escaleras** de la iglesia y halló el cuerpo sin vida del **carnicero** Gómez, el personaje más querido del pueblo. El cura al ver a Gómez muerto se **desmayó** y al despertar comenzó a gritar por toda la **calle** anunciando la desgracia.

El cuerpo se encontraba en una posición extraña, casi no tenía signos de **violencia**, solo algún que otro **moretón** sin importancia; lo único grave era el gran golpe en la cabeza llena de sangre y la marca de un **beso** de mujer en la mejilla. San Juan era un pueblo tan pequeño, que no tenían médico y el único profesional de la salud venía una vez al mes. Cualquier caso de emergencia, era enviado hacia la ciudad más cercana a 16 km de distancia. Así que el cuerpo de Gómez tuvo que ser evaluado por el **curandero** y sabio del pueblo, un hombre que tenía más edad de la que aparentaba, que ya de por sí era bastante.

Éste declaró que el cuerpo había sido **asesinado** muy tarde en la noche porque el **cadáver** aún estaba fresco. Inmediatamente trataron de descubrir quién era el culpable pero nadie conocía los procedimientos de **investigación** a **excepción** de un misterioso **detective** que vivía lejos del pueblo. "Tenemos que descubrir quién lo hizo, no puede haber un asesino entre nosotros" decía el cura aún asustado. "Ya está muerto, no podemos revivirlo" decía la viuda tapándose el rostro.

Pocos días después del entierro el alcalde citó al detective y le prestó una **habitación** donde se reunió junto con el **abogado**, dos **hombres** que no querían estar en esa situación en absoluto. "Bueno, veamos, muéstrenme las fotos del cuerpo", dijo el detective McHeartley con voz rasposa y cansada aunque con unas ganas de investigar siempre intactas. Su larga chaqueta colgaba de una **percha** cercana, y su **camisa** blanca había visto épocas mejores, pero el detective McHeartley no era alguien a quién le importaban las **apariencias**. De hecho ni siquiera tenía interés en **afeitarse**. Todas las noches, después de un largo día de trabajo, él se sentaba en el **borde** de su cama, tomaba un **cepillo** y lustraba sus **zapatos** con amor y paciencia.

El alcalde de la ciudad puso las fotos del cuerpo delante del detective, y éste las miró emocionado. Algo siempre le llamaba la atención y por eso amaba su **trabajo**. Se podía ver el cadáver de Gómez con un gran golpe en la cabeza y solo eso bastó para matarlo, pero le sorprendió esa marca de un beso de mujer. McHeartley siempre se llenaba de tristeza en casos como ese donde aquel hombre era **amado**, **querido** y **apreciado** en ese pueblo. Solo los **allegados** sabían las últimas cosas que había hecho el muerto y por lo general solían mentir. "Me gustaría hablar con la viuda, ¿es posible?" dijo el detective, rompiendo la **concentración** del alcalde. "Sí, por supuesto, pase por aquí. Ella se encuentra en la habitación contigua. Eso sí, detective…", el **alcalde** se detuvo un momento frente a McHeartley y bajando su tono de voz añadió "Tenga cuidado. La viuda está… tranquila por todo lo que sucedió, no vaya ser que con sus preguntas ahora se vuelva loca. Sepa entenderlo, no todos toman la muerte de la misma forma".

El detective entró a la habitación con cautela, tratando de pensar de qué manera podía preguntarle a la viuda sobre quién conocía mejor al muerto, o quién podía ser el sospechoso de haberlo asesinado. La viuda dejó a McHeartley sorprendido, nunca había visto a alguien tan tranquila luego de algo tan horrible como eso. "Disculpe señora pero tengo que hacerle muchas **preguntas**". Ella siguió en silencio sin hacer nada.

El detective la miró **pensativamente**. "Dígame, ¿qué sucedió la noche del asesinato?". La viuda tomó un momento en silencio y contestó. "Esa noche, mi marido me dijo que iba a salir un momento a dar una vuelta. Eso es normal ya que solía dar sus paseos de noche así que no me llamó la **atención**. Luego me quedé dormida porque no llegaba a casa, pensé que se había quedado en casa de algún amigo". McHeartley golpeó **lentamente** la mesa con los dedos. Había algo que le llamaba atención sobre la coartada de la viuda. Parecía demasiado vacía y creía que lo mejor era seguirle el juego. "Entiendo…" el detective se levantó "le ruego que se quede aquí. No hemos terminado todavía el **interrogatorio**". Cerró con **firmeza** la **puerta**. Su **respiración** se volvió más rápida y comenzó a caminar por toda la habitación para no perder el tiempo hasta que llegó de nuevo McHeartley.

El detective McHeartley miró a la viuda y le preguntó "¿Ustedes tenían **deudas?**", la mujer muy calmada dijo "Nunca, siempre hemos sabido administrar bien nuestro **dinero**". El detective estaba asombrado, aquella mujer no le daba ninguna pista y cada vez todo se volvía más difícil. "¿Por qué no salió a buscar a su marido?", preguntó el detective mientras la mujer comenzaba a ponerse **nerviosa**. "No lo sé, en este pueblo nunca sucede nada malo así que no había razón de preocuparse" dijo tranquilamente. El detective le hizo la última pregunta

"¿Por qué su marido tenía un enorme beso en la mejilla?" la mujer se sintió extraña y dijo "Yo... yo siempre lo besaba antes de irse" dijo dudando. McHeartley comenzó a sospechar que la viuda era la culpable, cada vez se convencía más de que ella sabía el **secreto** de la muerte del carnicero pero no quiso preguntarle nada más y se fue del pueblo por un par de días.

Luego decidió ir a la iglesia para hacerle preguntas al cura, como había sido él el que encontró el cadáver podía darle algunas **pistas**. El detective se sorprendió al ver a la viuda arrodillada frente al cura mientras la estaba confesando. La mujer se fue rápidamente y el cura estaba **llorando.** "¿Por qué está llorando? ¿Qué le contó la viuda del carnicero?" preguntó el detective asustado.

"¡No puedo decírselo! Lamentablemente los pecados no se pueden contar" dijo el cura. McHeartley se dio cuenta que seguramente la mujer le había dicho que ella había sido la **asesina.** "Pero sí puede decirme cuántas veces se confiesan a la semana las personas en esta iglesia" dijo el detective. El cura se puso nervioso, tenía **miedo** de decir el secreto porque si un sacerdote revela el pecado de alguien queda destituido para siempre y él no quería eso. "Hacía tres años que nadie venía a contarme sus problemas" gritó corriendo por toda la iglesia. El detective estaba a punto de descubrirlo todo, esa mujer había sido la asesina pero era difícil comprobarlo y ahora esa era su tarea.

Al día siguiente comenzó a **seguir** de cerca a la viuda, el detective se dio cuenta que cuando ella caminaba cerca de la casa que quedaba a pocos **metros** de la iglesia ella cambiaba de aspecto, se molestaba y decía algunas palabras entre los **dientes** como si odiara a quién vivía allí.

McHeartly no perdió la oportunidad y tocó la puerta de esa casa, él estaba seguro que esa iba a ser su **última** interrogación. De la casa salió una mujer muy hermosa con los **labios** pintados de rojo muy intenso, **cabello** amarillo y piernas largas. Ella estaba con un pañuelo secándose las lágrimas y él se presentó, le dijo que tenía que hacerle algunas preguntas y ella le hizo un rico café. "¿podría decirme porqué está tan triste?" comenzó preguntando McHeartly. "El carnicero era mi gran… amigo, él siempre venía a visitarme todas las noches" dijo mientras McHeartly comenzaba a comprender todo lo que había sucedido.

"¿Usted lo vio esa última noche?" preguntó interesado. "Claro, estábamos divirtiéndonos y sentí como si alguien nos estaba espiando pero no pude ver quién era. Luego se fue y poco después ocurrió el asesinato" dijo tristemente. McHeartly casi tenía el misterio resuelto y le preguntó "¿la viuda del carnicero es su amiga también?" ella negó con la cabeza. "¡Por supuesto que no! Esa mujer es mala, ella dice que… yo era la amante de su marido pero era él quien siempre me buscaba".

Cuando la mujer estaba diciendo la última palabra los dos vieron a alguien que venía de la cocina con el rostro cubierto y traía un cuchillo en las manos. Esa persona no sabía que el detective estaba allí e intentó **degollar** por detrás a la linda mujer. McHeartly sacó su arma y lo detuvo con fuerza, le quitó la máscara y se trataba de la viuda del carnicero que veía a matar a la amante de su marido.

"Eres tú, lo sabía. Esa noche seguiste a tu marido, lo viste con esta mujer y lo mataste cuando salió de esta casa. Por eso tenía la marca de un beso en la mejilla, ese beso era de esta mujer" gritó feliz el detective por haber descubierto el misterio. La mujer pasó el resto de sus días en la cárcel y el pueblo de San Juan siguió siendo tan tranquilo como antes. ¡Misterio resuelto!

Summary

SPANISH

En el pueblo San Juan, el lugar más seguro del mundo ocurre un terrible asesinato. El cura del pueblo encuentra el cadáver del carnicero más querido del pueblo y buscan al detective McHeartly para que resuelva el difícil misterio. Luego suceden muchas cosas inesperadas y el detective descubre al asesino gracias a su astucia, el culpable resulta ser la persona menos sospechosa y más cercana al carnicero. En esta historia los celos son la causa del asesinato.

ENGLISH

In the town of San Juan, said to be one of the safest places in the world, a terrible murder is committed. The village priest finds the corpse of the town's most beloved butcher on the steps of his church. Detective McHeartly is asked to solve the difficult mystery. After many twists and turns, the detective discovers who the murderer is. The culprit, as it turns out, is the person we least suspected. In this story, love and jealousy is the cause of a terrible murder.

Let's Tackle Some Grammar!

Noche: Night
Familias: Families
Territorio: Territory
Seguridad: Security
Justicia: Justice
Habitantes: Population
Cuerpo: Body
Iglesia: Church
Cura: Preach
Madrugadas: Early mornings
Capilla: Chapel
Problema: Problem
Mañana: Tomorrow
Escaleras: Stairs
Carnicero: Butcher
Desmayo: Fainting
Calle: Street
Cadáver: Corpse
Violencia: Violence
Moretón: Bruise
Curandero: Healer
Asesinado: Murdered
Investigación: Investigation
Excepción: Exception
Detective: Detective
Habitación: Room
Abogado: Lawyer
Hombres: Men
Percha: Hanger
Camisa: Shirt

Apariencias: Appearances
Afeitarse: Shaving
Borde: Edge
Cepillo: Brush
Zapatos: Shoes
Trabajo: Work
Amado: Loved
Querido: Beloved
Apreciado: Appreciated
Allegados: Relatives
Concentración: Concentration
Alcalde: Mayor
Preguntas: Questions
Pensativamente: Thoughtfully
Lentamente: Slowly
Atención: Attention
Interrogatorio: Interrogation
(Cerrar con) Firmeza la puerta: Firmly close the door
Respiración: Breathing
Deudas: Debts
Dinero: Money
Nerviosa: Nervous
Secreto: Secret
Pistas: Tracks
Llorando: Crying
Asesina: Murderess
Miedo: Fear
Seguir: Follow
Metros: Meters
Labios: Lips
Cabello: Hair
Degollar: Behead

Questionnaire

1) ¿Dónde fue el asesinato?

   a) San Juan
   b) Nueva York
   c) Santiago de Chile
   d) Santa Fe

2) ¿Cuál es el nombre del detective?

   a) Gómez
   b) González
   c) McCartney
   d) McHeartley

3) ¿Dónde fue encontrado el cuerpo?

   a) En un colegio
   b) En una iglesia
   c) En un coche
   d) En un hospital

4) ¿Qué tenía en la mejilla el cuerpo del carnicero?

   a) Una flor
   b) Un tatuaje
   c) Un beso
   d) Ninguna de las mencionadas

5) ¿Quién encontró el cuerpo del carnicero?

    a) El cura
    b) La viuda
    c) El detective
    d) El alcalde

Answers:
1) A
2) D
3) B
4) C
5) A

Chapter 3:

La Tripulación Perdida

(The Missing Crew)

U n vuelo salió desde Buenos Aires con destino a la ciudad de Nueva York. Este vuelo tenía 400 **pasajeros** y 30 **tripulantes de cabina**. Normalmente, el vuelo dura aproximadamente entre 18 y 24 horas en el aire dependiendo qué tipo de **clima** haya. Sin embargo, el avión se desvió de su **ruta** y nunca más apareció. El radar del avión fue desactivado, cuando iba entrando a Venezuela el avión se perdió completamente y el aeropuerto no sabía dónde podía haber caído. Después de buscar por todas partes no había pistas del avión y era imposible que un objeto tan seguro tecnológicamente hubiese desaparecido de la nada.

El **teléfono** sonó en la oficina del Detective McHeartley, quien se encontraba mirando las noticias en su televisor **viejo** y **usado**. Su chaqueta estaba descansando en una percha y su sombrero estaba en el sillón donde su gato solía dormir. Afuera, una tormenta no daba señales de parar y continuaba agitando los árboles y golpeando los vidrios de la oficina del detective. Las paredes gastadas daban la ilusión de haber pertenecido a algunas épocas

28

mejores y el juego de **escritorio** y **silla** estaban llenos de manchas de alcohol y cigarrillos. A McHeartley no le gustaba mucho el estado de la oficina, pero nunca encontraba tiempo para poder limpiarla. En su lugar él simplemente dejaba que la **basura** se acumulara hasta que no podía soportarlo más y luego lo tiraba todo junto. Contestó el teléfono siempre preparado para resolver un nuevo misterio.

"¿Sí? ¿Quién habla?" El detective bajó el volumen de la televisión tratando de escuchar a su interlocutor. "Sí, lo conozco. Estoy viendo el caso en las noticias. ¿Mañana? Yo no puedo ir tan pronto a Nueva York. Me encuentro en Atlanta", mintió McHeartley. En realidad él no tenía nada que hacer, si le preguntaban si tenía planes diría que ir al **cine** con alguna amiga o se inventaba alguna obra de **teatro**. Siempre prefería decir que tenía planes, usaba eso como estrategia para que su interlocutor le pagara más si realmente deseaba sus servicios. "Bueno, podría resolver el caso y dejar mis asuntos para después pero solo si usted pudiera pagarme el triple del dinero y estaré allí a las ocho de la mañana". La **mascota** del detective lo miró con sorpresa, "no te preocupes, te dejaré comida y la vecina vendrá a visitarte". Al oír esto, el gato siguió durmiendo en paz encima de su **sombrero**.

Al día siguiente su avión aterrizó en el **aeropuerto** de Nueva York que se encontraba completamente lleno de **periodistas** y **curiosos** que querían saber qué había pasado con el avión y los pasajeros **desaparecidos**. Algunos conspiradores sospechaban que habían sido raptados por extraterrestres, otros que habían muerto y que ahora se encontraban en el **purgatorio**. Incluso estaban los que decían que los pasajeros perdidos se encontraban en una isla paradisíaca. Sin embargo, no había ninguna prueba sobre su **paradero**, y el detective McHeartley era el único que podía solucionar cualquier cosa en el mundo.

Al llegar, le permitieron entrar a una **habitación** donde se encontraban todos los informes de la investigación. Las paredes estaban adornadas de fotos, figuras y **teorías conspirativas** sobre lo que había podido suceder con todos los pasajeros y el avión. En medio de la habitación había un pequeño escritorio y una silla. McHeartley dejó su chaqueta en el **respaldo de la silla**, comenzó a caminar por la habitación y a tomar notas. Anotó todas las referencias a la **numerología**, a los **signos zodiacales**, y a cualquier cosa que pudiese darle una idea de una solución a todo el problema porque para el detective cualquier pista era útil.

Horas y horas pasaron en la **búsqueda**. Cada cierto tiempo el detective salía de la habitación a estirar un poco las piernas, caminaba un rato, buscaba un café, y volvía a entrar. En el resto del **edificio** nadie tenía ningún conocimiento de qué estaba haciendo el detective y cada intento para poder sacarle información terminaba de la misma manera: él **contestaba** con su voz rasposa que no tenía ningún tipo de información anticipada y que informaría todos los detalles al final de la investigación. Después de lo que parecieron días, se acercó un oficial del **gobierno** para poder conversar con el detective.

"Mire, oficial, yo entiendo que es su trabajo, y que tiene que saber si hay algún tipo de progreso pero la **realidad** es que lo único que necesito ahora es un **sillón** para poder

dormir porque necesito seguir trabajando y uniendo piezas en mi investigación".

El **oficial** del gobierno hizo que trajeran un sillón nuevo a la habitación y dejó que el detective continuara con su trabajo. Los días se convirtieron en **semanas** y las semanas se convirtieron en un **mes**. El público necesitaba una **respuesta**, tenían al mejor detective trabajando, sin embargo no era **suficiente**. Todos **demandaron** que la investigación terminase lo más rápido posible y que se permitiera al público saber qué es lo que había sucedido. El **gobierno,** sabiendo que las elecciones estaban cerca decidió presionar al detective McHeartley para que terminara rápido y pudiera entregar un informe con todos los **datos**.

La **prensa** se acercó a las oficinas del aeropuerto para finalmente escuchar la conferencia de prensa del detective McHeartley. Los ojos del mundo estaban puestos en las palabras que quizás pondrían fin al mayor misterio de la historia de la aviación desde la **desaparición** de Amelia Earhart. El detective entró en la sala de prensa y se puso frente al micrófono con la espalda encorvada, había estado tanto tiempo intentando deducir el caso que se olvidó por completo de su salud y su apariencia pero para él siempre resolver el misterio estaba en primer lugar.

"Buenas tardes", dijo el detective y deseó que su voz rasposa fuera distinta, así al menos no daba la impresión de haber estado bebiendo alcohol. "**Hoy** me pidieron que hablara ante ustedes para explicarles lo que sucedió con el vuelo de los pasajeros desaparecidos".

Toda la sala estaba en silencio. "Les voy a pedir que me

dejen hablar y luego **procederemos** a responder las preguntas que seguramente ustedes tengan. Pero por favor, no me **interrumpan** en lo absoluto porque tengo **jaqueca** y no quiero empeorar mi estado de salud".

Los periodistas asintieron y solo tomaron sus **libretas**, expectantes ante la respuesta que iba a dar el detective. "Todo empezó cuando me llamaron, como era un caso tan fuerte pedí mucho **dinero**. Naturalmente ustedes desean que las cosas sean rápidas y sinceramente pensé que esto me tomaría al menos dos años pero realmente tomó menos tiempo de lo esperado y me siento feliz de deshacerme de ustedes que son tan exigentes". Las risas rompieron el silencio de la habitación. "Cuando llegué, me dijeron que podía ser cualquier cosa. Algunos hablaron de extraterrestres, otros de los hombres **reptiles**, y otros también mencionaron un purgatorio. En mis investigaciones debo decir que no encontré señal alguna de todo esto. Lo que sucedió fue algo sin precedentes pero posible, y no fue sacado de una historia de ficción".

"Sin embargo", dijo McHeartley y todos los periodistas tomaron nota, "sí encontré **evidencia** gracias a la **investigación** de los ingenieros y mi astucia que el avión sufrió **circunstancias especiales**. Una repentina despresurización en la **cabina** mató a todos a bordo excepto al piloto y al copiloto, que volaron solos durante horas antes de hacer aterrizar el avión. Ellos sobrevivieron porque su área del avión todavía estaba intacta. El accidente fue culpa de los dos pilotos por cometer un error al **calcular** la altitud correcta, lo que causó la despresurización. La repentina falta de oxígeno mató a todos los pasajeros en pocos minutos, sin embargo el piloto y el copiloto quedaron **aislados** de los efectos en la cabina pero comenzaron a tomar decisiones extrañas por la falta de oxígeno, eso explica la ruta errónea que tomaron después de perder el contacto. Finalmente tuvieron un aterrizaje forzoso en algún lugar en una isla remota probablemente del Caribe donde se deshicieron de los cadáveres y quemaron los restos del avión".

Los **periodistas** tomaban **nota** lo más rápido posible y el detective continuó. "Si logran ver bien el plan de vuelo, notarán que hay algo inusual y es que no se encontró ningún resto del avión en el mar lo cual es imposible, un avión tan grande y con tanta tecnología satelital no se puede desaparecer. Con esto concluye mi investigación y espero que se abra otra investigación buscando a los pilotos que escondieron los cadáveres y son los absolutos responsables del suceso. Muchas gracias".

Antes de irse, McHeartley logró recordar que tenía una tarea pendiente. Se acercó hacia la parte de **regalos** del aeropuerto, buscó un pequeño recuerdo de la ciudad, lo compró y lo guardó en su maleta. Le encantaba buscar **recuerdos** de cada uno de sus casos resueltos. Ahora, le esperaba un corto viaje a su oficina y una larga noche de **descanso** bien **merecido**.

Summary

SPANISH

¡Ha ocurrido el misterio más grande en el mundo de la aviación! El avión más seguro y tecnológico del mundo ha desaparecido misteriosamente, su radar fue desactivado y no se encontraron restos de la aeronave en el mar. Algunas personas dicen que el avión fue raptado por extraterrestres, pero el detective McHeartly sabe que esa no es la respuesta correcta y acepta resolver el caso. Todos insisten que la solución del caso es paranormal pero el detective demuestra que lo que ha ocurrido con el avión fue algo muy impresionante pero no tiene relación alguna con los extraterrestres.

ENGLISH

One of the biggest mysteries in the world of aviation has occurred. The safest and most technological plane in the world has mysteriously disappeared. Its radar was suddenly deactivated and many people say that the plane was abducted by aliens. Detective McHeartly knows that this is not the case and agrees to solve the mystery. Some people even insist that the answer must be paranormal but the detective shows that what happened to the plane can be logically explained and that it never had any relation with spirits or aliens.

Let's Tackle Some Grammar!

Pasajeros/Tripulantes de cabina: Passengers/aircrew
Clima: Climate
Ruta: Route
Teléfono: Telephone
Viejo/Usado: Old/used
Escritorio/Silla: Desk/chair
Basura: Garbage
Cine: Cinema
Teatro: Theater
Mascota: Pet (like a dog or a cat)
Sombrero: Hat
Aeropuerto: Airport
Periodistas: Journalists
Curiosos: Curious onlookers/bystanders
Desaparecidos: Missing persons
Purgatorio: Purgatory
Paradero: Whereabouts
Teorías Conspirativas: Conspiracy theories
Respaldo de la silla: Back of the chair
Numerología: Numerology
Signos zodiacales: Zodiac signs
Búsqueda: Search
Edificio: Building
Contestaba: Answered
Gobierno: Government
Realidad: Reality
Sillón: Couch
Dormir: Sleep
Oficial: Officer (of the law)
Semanas: Weeks

Mes: Months
Respuesta: Answer
Suficiente: Enough
Demandaron: Demanded
Datos: Data
Prensa: Press
Hoy: Today
Procederemos: Proceed
Interrumpan: Interrupt
Jaqueca: Headache
Libretas: Pads, like notepads
Dinero: Money
Reptiles: Reptiles
Evidencia: Evidence
Investigación: Investigation
Circunstancias especiales: Special circumstances
Cabina: Cabin
Calcular: Calculate
Aislados: Isolated
Periodistas: Journalists
Nota: Note
Isla: Island
Regalos: Gifts
Recuerdos: Souvenirs
Descanso: Rest
Merecido: Deserved

Questionnaire

1) ¿Desde dónde partió el avión?

   a) Buenos Aires
   b) Nueva York
   c) Colombia
   d) Singapur

2) ¿Había algún resto del avión?

   a) No
   b) Solo los pilotos
   c) Toda la tripulación
   d) Solo los pasajeros

3) ¿Cuál era la principal teoría según la prensa?

   a) Extraterrestres
   b) Habían aparecido en una isla
   c) Purgatorio
   d) Todas las anteriores

4) ¿A quiénes les informa la investigación el detective?

   a) Al presidente
   b) A su mascota
   c) A los periodistas
   d) A su mamá

5) ¿Qué hace el detective al final de la historia?

    a) Compra un recuerdo
    b) Prepara comida
    c) Se va a otro planeta
    d) Escribe un libro

Answers:

1) A
2) A
3) D
4) C
5) A

Chapter 4:

La Mochila Encantada

(The Enchanted Backpack)

"¡Mamá, la **mochila** hace ruido otra vez!", dijo Juan entrando a la cocina muy asustado mientras su mamá fregaba los platos. "Lleva toda la mañana diciendo **cosas feas**" insistió el niño. Su madre Lucía lo miró preocupada. Hacía varias semanas desde que le regaló esa mochila que Juan decía lo mismo. Siempre se quejaba de que la mochila hablaba, que hacía ruidos extraños y cuando Lucía se decidió a revisar la mochila parecía estar en perfectas condiciones pero todos los días sin falta Juan entraba a la cocina diciendo lo mismo. Aunque él era solo un niño y estaba en segundo grado de la **escuela primaria** sus **notas** eran excelentes, le encantaba la **geografía** y solía jugar con su abuelo a tratar de **adivinar** las capitales de los países del mundo. Él nunca había sido un mentiroso.

Sus dudas la llevaron a consultar a varios **psicólogos** que conocía en el hospital donde trabajaba y todos afirmaban sin lugar a dudas que Juan estaba jugando. Sin embargo, nadie entendía que cuando Juan buscaba a la madre, lo hacía con lágrimas en sus ojos y con el temor de que la mochila realmente estuviera diciendo cosas. Una tarde,

Lucía fue al **mercado** y dejó solo a Juan con sus **compañeros** de escuela en casa olvidando por completo meter su teléfono en el **bolsillo** del pantalón por si ocurría alguna emergencia, pero no quiso volver a buscarlo para no despertar a los niños que debían estar **durmiendo** la **siesta**.

Lucía quería **averiguar** el origen de la mochila y fue a la tienda donde recordaba exactamente que la había comprado hacía un mes pero ¡había desaparecido! La **tienda** ya no estaba. Pensó estar perdida pero caminó varias veces y sabía **perfectamente** que era en ese **lugar**. Ahora en cambio era una casa que tenía signos de **humedad**, sin **pintura**, y tenía un pequeño **letrero** que decía "Casa del curandero". Ella tuvo mucho miedo porque ese **edificio** estaba a punto de derrumbarse pero tenía que saber la verdad y decidió **entrar**. La única puerta era de **madera**, y parecía estar **destruida** por las **hormigas** y las **termitas**. Lucía golpeó suavemente la puerta y el ruido del eco la asustó. Parecía una casa abandonada y, con mucha sorpresa, alguien abrió desde el interior. Era un señor alto, encorvado, con una **barba** enorme y en su mirada se podía adivinar que hacía muchos años que no veía a otro ser humano.

El interior de la casa no era mucho mejor que lo que parecía desde afuera. Las paredes estaban podridas, se podían deslumbrar los caños de agua colgando y la pintura hacía años que había desaparecido. Finalmente, el hombre le indicó que se sentara en una silla de piel.

"Usted viene por la mochila de su hijo ¿verdad?", dijo con su voz de ultratumba.

"¿Cómo lo supo?" contestó Lucía completamente sorprendida. El señor la miró durante unos segundos y contestó "porque lo sé todo, esa mochila tiene un **demonio** dentro de ella".

"¡Lo sabía! Esa mochila tiene una **presencia** maligna", contestó Lucía, quizás más rápidamente que lo que pretendía.

"No hay forma de que el espíritu muera" dijo el anciano, luego guardó **silencio**. "Tengo miedo por mi único **hijo** ¿Acaso usted hizo esa maldición? ¿Cómo fue que desapareció la tienda?".

El hombre **apoyó** una bola de cristal sobre la mesa y comenzó a mover las manos encima de ella. Los movimientos que hacía eran circulares mientras cerraba los ojos y pronunciaba algunas palabras extrañas que Lucía no lograba entender. La poca luz de la **habitación** comenzó a apagarse suavemente y las paredes parecían temblar con cada palabra que el señor invocaba. Desde las **profundidades** del alma de Lucía una voz habló por primera vez.

"¿Quién se atreve a molestarme?"

Lucía trató de contestarle a la voz pero el señor hizo una **señal** para que se quedara en silencio mientras continuaba con los ojos cerrados **invocando** al espíritu. A medida que iba hablando, un viento extraño comenzaba a soplar dentro de la habitación, como si viniera desde el **más allá**. Dentro de su cabeza, Lucía sentía una presión enorme, y con sus manos se tomó el costado de su frente mientras gritaba. Ignorándola, el señor continuaba con su **ritual**.

Finalmente, el viento dejó de soplar y la luz volvió a la habitación. Lucía solo pudo preguntar qué pasó.

"Yo soy un brujo muy **malo** pero como tú eres **buena** y tu hijo también he roto el **hechizo**, como te importa tanto esa mochila ya no tiene el demonio adentro pero tendrás que pagarme 800 millones cada año". El señor contestó, mientras daba media vuelta y se dirigía hacia lo profundo de la casa. Lucía no tuvo más **remedio** que salir llorando y volver a su hogar, ¡ella no tenía ese dinero! Al entrar a su casa Juan no vino a **recibirla**, las luces comenzaban a encenderse y apagarse sin razón, la radio sonaba a todo volumen, las ventanas estallaron y comenzaron a volar platos por toda la cocina.

Juan y sus compañeros seguían **descansando** en la habitación sin enterarse de nada de lo que estaba sucediendo. Lucía corrió a despertar a los niños. "¡Niños! Salgan de esta casa ahora mismo" ellos no comprendían nada y solo querían **ducharse** pero ella sacó a los niños por la ventana, pero Juan no quiso dejarla.

"Me desterraste de donde estaba, pero ahora no podrás escaparte de mí, atormentaré tu vida por siempre" dijo el demonio.

Lucía se tomó unas **pastillas** y después caminó por toda la casa intentando ordenar el desastre. Juan quiso enviarle un **mensaje** a la policía pero el teléfono estaba completamente bloqueado y solo pudo mirar con **terror** a la pantalla de su televisión que decía: *Este es mi nuevo hogar y nunca voy a marcharme.*

Lucía estaba **gritando** porque el demonio había roto todos sus electrodomésticos de la cocina, incluso el horno se encendió solo y el espíritu se preparó algunos pasteles y comida porque hacía siglos que no comía nada. "¿Por qué rompes toda la casa?" preguntó el niño.

*"¡Me gustan los lugares desordenados y feos! Soy un demonio, no me gusta el **orden**"* gritó la voz mientras se escuchaba como se devoraba la comida.

Lucía tuvo una excelente idea. "¿Si te consigo una casa para ti te irías de esta? Esa casa tiene mucha humedad, las paredes están rotas, el piso **sucio** y hay un viejo al que puedes molestar toda la eternidad".

*"¡Quiero irme a esa casa! ¡Me gusta el **desorden**! ¡Me gusta molestar a los **ancianos**! Esta casa es muy aburrida, está muy limpia y no me gusta eso, estoy acostumbrado a la oscuridad del **infierno**. Llévame a esa casa y te prometo que nunca volveré".*

Lucía le pidió al demonio que entrara de nuevo en la mochila para llevarlo a aquel lugar perfecto. Llegó hasta la casa del anciano y le tocó la puerta. "¿Para qué volviste mujer? Ya te saqué al demonio de la mochila, ahora debe estar por toda tu casa haciendo **travesuras**" dijo el viejo riéndose por el mal que había hecho.

"¡Te traje un regalo! Como la mochila ya está vacía te la quise traer como **agradecimiento**" dijo Lucía entregándole la mochila al viejo.

"¡Yo no quiero la mochila, quiero mi dinero!" dijo el anciano muy molesto. "Yo nunca le dije a usted que tenía dinero para pagarle, soy una madre soltera y no puedo darle todo eso que pide" replicó la madre.

De inmediato el demonio se arrastró afuera de la mochila y se metió en la casa del anciano. "¿Qué hiciste mujer?" gritó el viejo asustado mirando como el espíritu lanzaba **fuego** por todos lados.

"Por ser tan malo te traje de nuevo al demonio que me diste al principio" dijo la mujer feliz. "Él no va a querer quedarse aquí así que va a volver a tu casa" gritó el anciano **molesto**.

*"Nunca voy a salir de aquí, esta casa es perfecta para mi ¡Parece el mismísimo infierno! Y tú viejo estúpido serás mi **diversión** por toda la eternidad"* dijo el demonio con una voz **macabra**.

Y así el demonio estuvo toda la eternidad molestando a su víctima por haber sido tan cruel con la madre y el niño.

Summary

SPANISH

¡Juan le dice a su madre que su mochila puede hablar! Adentro hay un demonio loco que dice cosas terroríficas sin parar. Su madre, muy preocupada, piensa que su hijo está loco pero luego intenta averiguar la verdad. Decide ir al lugar donde ella compró la mochila y ahora en ese lugar está la casa de un viejo muy malo, él le confirma que la mochila tiene un demonio. Cuando la mujer llega a casa el demonio comienza a hacer travesuras pero ella encuentra una excelente forma de sacarlo de su casa.

ENGLISH

Juan tells his mother that his backpack speaks! From inside the backpack, an ancient demon speaks of terrifying things nonstop. At first, the mother is very worried and thinks her son is going crazy, but after a while she starts to believe him and decides to find out the truth of the matter. She goes back to the store where she purchased the backpack, but now in its place is an old house. She meets a scary looking old man who now lives there and he confirms that the backpack is cursed with a demon. When the woman arrives home, the demon starts to play his evil pranks on the family, but the mother thinks of a brilliant way to get rid of him forever.

Let's Tackle Some Grammar!

Mochila: Backpack
Cosas feas: Ugly things
Escuela primaria: Primary school
Notas: Grades
Geografía: Geography
Adivinar: Guess
Mercado: Market
Compañeros: Schoolmates
Bolsillos: Pockets
Durmiendo una siesta: Taking a nap
Averiguar: Find out
Hormigas: Ants
Termitas: Termites
Barba: Beard
Demonio: Demon
Presencia: Presence
Silencio: Silence
Hijo: Son
Apoyó: To support
Habitación: Room
Profundidades: Depths
Señal: Sign
Invocando: Invoking
Más allá: Beyond (Afterlife)
Ritual: Ritual
Malo: Bad
Buena: Good
Hechizo: Spell
Remedio: Remedy
Recibirla: Receive

Descansando: Resting
Ducharse: Taking a shower
Pastillas: Pills
Mensaje: Message
Gritando: Screaming
Orden: Order
Sucio: Dirty
Desorden: Disorder
Anciano: Old man
Infierno: Hell
Travesuras: Antics
Agradecimiento: Gratitude
Fuego: Fire
Molesto: Angry
Diversión: Fun
Macabra: Macabre
Tienda: Store
Perfectamente: Perfectly
Lugar: Place
Humedad: Humidity
Pintura: Painting
Letrero: Signboard
Edificio: Building
Entrar: Get in
Madera: Wood
Destruida: Destroyed

Questionnaire

1) ¿Cuál es el nombre del niño?

   a)   Carlos
   b)   Miguel
   c)   Juan
   d)   Santiago

2) ¿Cuál es el nombre de la madre?

   a)   Lucía
   b)   María
   c)   Bella
   d)   Mara

3) Según el niño, ¿qué tenía su mochila?

   a)   Estaba encantada
   b)   Tenía un cadáver
   c)   Había un gato
   d)   Tenía un duende

4) ¿Quién era la persona que liberó el demonio?

   a)   Un curandero
   b)   Un mago
   c)   Un científico
   d)   Un profesor

5) ¿Quiénes estaban con Juan en la casa?

    a)   Sus compañeros de escuela
    b)   Su papá
    c)   Su hermano
    d)   Su abuelo

Answers:

1) C
2) A
3) A
4) A
5) A

Chapter 5:

El Juego de la (No) Vida

(The Game of [No] Life)

"Venga, vamos a jugar el juego de la No Vida, no tengáis miedo". Esteban tenía en sus manos una caja con un **juego de mesa** muy **gastado** que apareció en su casa misteriosamente. "No va a pasar nada, no me miréis así", les dijo a su amigos Miguel y Ezequiel. Ambos estaban **alejados** en el **borde** de la habitación. Los tres estaban terminando el **colegio secundario**, pero aun a pesar de la edad se comportaban como niños pequeños. "Esteban, no voy a jugar a esto", dijo Miguel. "Me da miedo, mi **hermano mayor** dice que ese juego es muy **peligroso**".

"Bah, no seas tonto, **juega** que no va a pasar nada". Esteban insistió, "además, si juegas ahora, te dejo que te lleves mis deberes para que apruebes **matemáticas**". Saber que podía llevarse lo que le faltaba para terminar el curso y dejar de ir al colegio hizo que Miguel decidiera ignorar el miedo y se acercara a la mesa, donde los dos chicos ya estaban preparando todo para jugar. En la **mesa** estaba desplegado el tablero, una enorme tabla para jugar con distintos colores y un pequeño camino que estaba dividido en pequeños cuadros. Cerca de la **caja** había unas fichas con forma de coche o de avión, y también un dado que tenía siete caras. Este **dado** era **negro** con los números resaltados en **blanco** y **rojo**, y cada borde parecía estar hecho de un material muy parecido al **hueso**. "Ahora, el primer **paso** es…" decía Esteban mientras leía las reglas del juego, "ah, sí, elegir una **ficha** que os va a representar a cada uno. Yo voy a elegir el avión. ¿Y tú, Miguel?"

El joven se acercó a las fichas y eligió el coche. "Yo elijo el **coche**, porque me encantan. ¿Os conté que mi padre tiene un coche de primera **línea**?". Esteban y Ezequiel miraron a su amigo con cara **cansada**. Ya habían oído bastantes veces la misma **historia** aunque curiosamente nunca habían logrado ver el coche en sí. Siempre el padre tenía algo que hacer, o estaba el coche en el **taller**, o lo tenía que prestar a alguien. **Jamás**, en todos los años que se conocían, pudieron ver el coche del padre de Miguel, y comenzaban a pensar que era todo una **mentira** del niño para sentirse más **importante**. "Sí, Miguel, nos dijiste que era un coche importado", contestó Esteban, tratando de ignorar la cara de Ezequiel. "¿Y tú Ezequiel? ¿Qué ficha elegirás?"

De las fichas disponibles, había una **bicicleta**, un **tanque de guerra** y también un **camión repartidor de helados**. Ezequiel lo pensó bien, y decidió elegir el tanque de guerra. "Yo me llevo este" dijo, señalándolo. "Está bien, según las **reglas**, me toca comenzar a mí. Tiro el dado", dijo Miguel. Al hacerlo, el **dado** rebotó en la mesa y finalmente la cara que estaba del lado de arriba mostró el número siete.

Miguel tomó su ficha y la apoyó en la casilla

correspondiente. Se acercó para **verificar** qué decía en el casillero, "a ver… dice: Llueve y la casa de tu **abuela** se inunda, pierdes un **turno**". "Qué cosa tan **rara** ¿No creen que eso sea verdad?". Al terminar de decir esto el niño, sonó el teléfono de su casa. Los tres jóvenes se asustaron y Miguel atendió la **llamada**, "¿Hola? ¡Ah, hola, **abuela**! ¿Cómo estás? Sí, aquí estoy, jugando con unos compañeros del colegio. ¿Qué es ese **ruido** de fondo? ¿Una tormenta? Pero… si no está **lloviendo,** ¿vas a llamar a los bomberos?".

Miguel movió su cabeza para poder ver por la **ventana** si había alguna **nube** o si al menos aparentaba que iba a llover. El cielo estaba despejado y lo único que se podía apreciar era una pequeña brisa que movía las copas de los árboles. Mientras hacía esto, Miguel escuchó que la línea del otro lado se cortaba. "¿Abuela? ¿Estás bien?". Los niños dejaron de jugar por media hora, tenían miedo de todo lo que estaba sucediendo y Miguel tuvo un mal presentimiento, encendió la televisión para ver las noticias y cuando logró sintonizar el canal correcto, Miguel vio a un periodista en la puerta de la casa de su abuela hablándole a la **cámara**. Detrás suyo, se podía ver la casa de la abuela de Miguel, completamente **inundada**, y a una señora mayor saliendo ayudada por un bombero. "Señora, señora, por favor, dígame qué pasó", dijo el periodista mientras se acercaba a la mujer con el bombero. "No lo sé" contestó asustada. "Estaba en mi casa mirando la televisión y de pronto comenzó a llover dentro del **apartamento**. Se inundó todo". Las lágrimas y la tristeza hicieron que el periodista tuviera compasión y cortara la transmisión.

Miguel estaba asustado, ver a su abuela sufrir y casi perder su vida fue demasiado para el pobre joven. Esteban, detrás suyo, trataba de seguir jugando, y Ezequiel se acercó con el dado en la mano "Miguel... ¿seguimos jugando?" Miguel se dio la vuelta, lo miró **profundamente** a los ojos, y dijo "Jugad vosotros, yo mejor voy a ir a ver a mi abuela". La televisión estaba **encendida** y salieron unas palabras en la pantalla: *"Si el juego no ha finalizado y alguno de los **participantes** se va, pronto morirá y entrará al portal de la No Vida".*

Todos se asustaron y Esteban se acercó nuevamente al tablero para lanzar el dado, no quería que su amigo muriera. La cara superior mostraba un cuatro. Tomó su ficha y la movió al casillero correspondiente. "Explosión nuclear en Japón. Pierdes tres turnos". En la **televisión**, el periodista seguía informando sobre la repentina inundación en la casa de una señora mayor, cuando tuvo que **cortar** la transmisión y dar **noticias de última hora.** "Disculpen, pero esto es un reporte **reciente**. Hubo un desperfecto en una central nuclear en Asia, veamos". El reportero puso especial atención al audífono que tenía en su oído. "Sí, me confirman que... Japón ha sufrido una explosión. La cantidad de **víctimas** se estima en millones. Todavía no tenemos **información** de qué sucedió exactamente, pero podemos afirmar que esta es una de las mayores catástrofes de ese país". La televisión cortó la **transmisión**, y los jóvenes apagaron la televisión. No querían ver más noticias horribles.

Ezequiel y Esteban se quedaron en silencio alrededor del tablero. "¿De dónde dijo que sacó este juego Miguel?", preguntó Esteban a su amigo Ezequiel. "Dije que un día apareció en mi caja de juegos" comentó Miguel sintiéndose culpable.

"¿Y qué hacemos entonces? ¿Seguimos jugando?" Esteban miró el dado que tenía en su mano. "¡Tenemos que seguir! Sino seguimos jugando vamos a desaparecer para siempre ¿quieres eso?" preguntó Miguel asustado. "Si todo es como dicen las reglas solo falta un turno, si sale el cinco ganamos el juego pero si sale un dos el fantasma de la No Vida que se esconde en el juego nos castigará y solo nos salvará el **arrepentimiento**" admitió Esteban asustado.

"Yo no merezco un castigo. ¡Miguel, tú fuiste el culpable de todo! Si el fantasma de la No vida dice que nuestros padres deben morir, sería algo horrible" dijo Ezequiel.

Hicieron la última jugada y el dado marcó el **número** dos. Hubo un temblor en la habitación y el suelo se rompió, desde lo más hondo de la tierra salió el fantasma de la No Vida.

"Bienvenidos al final de juego, han perdido y yo decidiré el futuro de todos" dijo la espeluznante calavera sin ojos y con una túnica negra. Los niños gritaban y Miguel se sentía muy arrepentido. "Por favor no nos hagas daño, quítame mis juguetes o mis deberes pero no hagas nada malo" suplicó Ezequiel. *"Yo haré lo que quiera porque soy el amo del juego que quisieron jugar y los obligo a pasar la eternidad en el mundo de la No Vida"* dijo la **voz.** "¡No!" gritó Miguel.

"¡Es justo! Hemos matado a millones de personas en Japón, es justo que vayamos a ese mundo para pagar nuestro error" dijo Esteban recordando las reglas que decían que el arrepentimiento era la única forma de salvarse. "¿Estás loco?" dijo Miguel.

"El arrepentimiento de este niño les ha salvado la vida a todos y retrocederé el **tiempo**, todo lo que ha pasado nunca pasó de verdad" dijo la calavera. Una luz llegó y se fue volando, los niños cayeron en un profundo sueño y al final despertaron.

"¡Hemos vuelto! El mundo sigue siendo igual" gritó Esteban feliz de haber vencido al juego. Aquel feo fantasma había retrocedido el tiempo y el tablero de juego estaba listo para comenzar a jugar, los niños lo lanzaron por la ventana para destruirlo. Se lo llevó el camión de la basura y poco después comenzaron a ocurrir cosas muy malas en el mundo, seguramente otros niños comenzaron a jugar el mismo juego.

Summary

SPANISH

Miguel es un niño muy fastidioso e inmaduro, él invita a sus dos amigos a jugar el juego de la (no) vida. Comenzaron a suceder cosas terribles en el mundo entero, la casa de la abuela de Miguel tuvo una tormenta, luego Japón sufrió un desastre nuclear y al final llegó un horrible fantasma. Ellos perdieron el juego pero al final sucedió algo inesperado y el futuro de los niños cambió para siempre.

ENGLISH

Miguel is a very spoiled and immature child. He invites his friends to play the game of (no) life. Terrible things begin to happen around world. Miguel's grandmother's house is flooded, there is a sudden nuclear explosion in Japan, and as the game continues, an evil spirit appears. They lose the boardgame and in the end, something unexpected happens that changes the children's future forever.

Let's Tackle Some Grammar!

Juego de mesa: Tabletop
Alejados: Far
Gastado: Used/worn out
Borde: Border
Colegio secundario: High school
Hermano mayor: Big brother
Peligroso: Dangerous
Juega: Play
Matemática: Math
Mesa: Table
Caja: Box
Negro: Black
Blanco: White
Rojo: Red
Hueso: Bone
Paso: Step
Coche: Car
Línea: Line
Cansada: Tired
Historia: Story
Taller: Shop, as in "My car is at the shop for repairs"
Jamás: Never
Mentira: Lie, like to tell a fib
Importante: Important
Bicicleta: Bicycle
Tanque de guerra: War tank
Camión repartidor de helados: Ice-cream delivery van
Reglas: Rules
Dado: Die (game piece, singular). Can also mean "given"
Verificar: verify

Ficha: Token, like a game piece
Turno: Turn
Rara: Weird
Llamada: Call
Abuela: Grandmother
Ruido: Loud
Lloviendo: Raining
Ventana: Window
Nube: Cloud
Cámara: Camera
Inundada: Flooded
Apartamento: Apartment
Profundamente: Deeply
Encendida: Turned on (the TV)
Participantes: Contestants
Televisión: You guessed it right—television
Cortar: Cut
Noticias de última hora: Breaking news
Información: Information
Transmisión: Transmission
Arrepentimiento: Regret
Número: Number
Voz: Voice
Tiempo: Time

Questionnaire

1) ¿De qué se trataba el juego?

   a) Cartas
   b) Dados
   c) Juego de mesa
   d) Videojuegos

2) ¿Quién tiene el tanque de guerra en forma de ficha?

   a) Ezequiel
   b) Miguel
   c) Esteban
   d) Todos

3) ¿Quién es el primero en tirar el dado?

   a) Esteban
   b) Miguel
   c) Santiago
   d) Esteban

4) ¿Qué fue lo primero que causó el juego?

   a) Una lluvia torrencial en un apartamento
   b) Langostas cayendo del cielo
   c) Un avión explotando en el aire
   d) La paz mundial

5) ¿Cuál fue el último acto del juego?

    a)   Volver al pasado

    b)   Ir a la luna

    c)   Un coche nuevo importado

    d)   Ninguna de las anteriores

Answers:

1) C
2) A
3) B
4) A
5) A

Chapter 6:

La Pastilla Roja

(The Red Pill)

Martín y Carlos son mejores amigos, estudiaron juntos **programación** en la Universidad de Madrid y desde esa época son inseparables hasta que Martín consigue un trabajo en la Compañía I.T. Carlos en cambio se casa con la **hermana** de Martín y se dedica a cuidar de su pequeño **hijo**. Poco después misteriosamente la compañía I.T. se convierte en un éxito de la noche a la mañana y es la empresa **líder** y más **rentable** en su **campo**. Todos los mejores programadores de computadoras y de informática quieren trabajar para la empresa porque el salario anual es ridículamente alto. Pero en los últimos dos años, tres programadores se han suicidado. Martín pertenece a la empresa y le consigue una **entrevista de trabajo** con sus jefes a su mejor amigo y **cuñado** que desea insistentemente trabajar para la compañía. Al día siguiente Carlos se presentó temprano ante los jefes de Martín.

"Usted posee un **historial** perfecto, pero para trabajar en esta empresa se necesita mucho más que eso" dijo el jefe luego de revisar muchas veces su curriculum. "Se lo agradezco Señor, es usted muy amable. Haré lo que sea para trabajar aquí" dijo emocionado. "Debe beber diariamente esta **pastilla**, así tu trabajo será **óptimo**. Le recuerdo que esto no debe saberse en ningún otro lado que no sea la compañía ¿entendido?" dijo el **jefe** entregándole un **frasco** lleno de pastillas **rojas**. Carlos comenzó a darse cuenta que verdaderamente había algo misterioso detrás de la compañía pero no le importaba porque a cambio ganaría 1 **millón** de dólares al mes, más adelante descubriría lo que verdaderamente provocaba el **consumo** de tan peculiar pastilla. Carlos descubre por sí mismo cuando comienza a tomar la píldora roja que su **enfoque** y **productividad** no son como antes. Solo necesita dormir 2 horas al día, trabaja todo el día y no se siente cansado. Siente que la píldora roja incluso lo está haciendo más **inteligente**.

Una tarde llegó a casa y no podía parar de trabajar, tomó de nuevo su ordenador portátil y siguió programando. De pronto se le acercó su pequeño hijo con un carro de juguete en las manos. "¡Papá! Vayamos al **parque**, quiero jugar" dijo el bebé con un tono de voz **angelical**. Su padre en cambio no le prestó atención, tenía que estar tan enfocado en el trabajo que su hijo lo estaba distrayendo. "Papá, vayamos al parque" insistió el niño. "No podemos hijo, tengo que trabajar todo el día, toda la noche, eso es lo que debo hacer" dijo el padre con un tono de voz que asustó al pequeño y se fue corriendo a llorar a su habitación. Aquellas pastillas definitivamente habían alterado el estado de Carlos para siempre.

Pocos días después Carlos se había vuelto el programador más importante de la empresa, incluso había hecho en un día todo el trabajo de un **mes** entero y los jefes estaban dándose cuenta que las pastillas cada vez funcionaban mejor con los empleados aunque ya la **vida privada** y social no existiera para ellos. Su **esposa** estaba preocupada pero como él ganaba tanto dinero al mes no quería decirle nada puesto a que verdaderamente necesitaban el dinero y ella aún no sabía la existencia de la "pastilla roja".

El día de **cumpleaños** de Martín, Carlos pasó por el **escritorio** para saludarlo y lo encontró actuando de una forma anormal. Movía sus **manos** en la computadora como un robot, sus ojos se giraban lentamente, la **lengua** se le movía hacia abajo y los pies los tenía doblados como si fuesen **gelatina**.

"¿Qué te sucede amigo?" preguntó Carlos sentándose a su lado. "Hay algo muy malo con esta compañía" dijo Martín en un tono de voz muy bajo como una especie de **susurro**. "¿Malo? En ningún lugar nos pagarían un millón de dólares, esta compañía es la mejor, quizá no merezcas trabajar aquí" le dijo Carlos enfadado. "Carlos, escúchame bien, las píldoras rojas son malas. Lo he investigado, ya no puedo vivir. Siento que no soy yo mismo, estoy convirtiéndome en una especie de robot humano" insistió Martín casi llorando. Carlos de verdad sabía que había algo oculto, además tres personas se habían suicidado antes en la compañía pero en algunos países eso era normal, tampoco tenía que preocuparse. "Martín debe ser que tienes alguna **enfermedad**, a mí la píldora roja me hace mejor que la comida" afirmó. "Carlos, te lo advierto, tú tienes **menos** tiempo que yo tomándola, esa píldora me transformó en lo que ahora soy" afirmó Martín.

Carlos decidió dejarlo solo, él no creía en esas tonterías misteriosas ni de **ficción** pero tuvo tanta curiosidad que fue al departamento de los trabajadores más antiguos de la empresa, un lugar que nadie iba a visitar. Cuando Carlos pasó al salón se dio cuenta que todos tenían prácticamente el mismo aspecto **robótico** de su amigo, sintió tanto miedo que se fue **corriendo** de allí. Cuando llegó de nuevo al escritorio de Martín ya no estaba, más tarde sus otros compañeros le dijeron que Martín fue llevado al hospital porque "**accidentalmente**" se cayó desde la ventana del octavo piso. Carlos no podía creerlo, en parte se sentía culpable de todo lo que estaba sucediendo pero tenía miedo de hablar. Él le había jurado a su jefe que mantendría la boca cerrada, podía ser peligroso revelarle la verdad al mundo. Además, ¿a quién le creerían, a unos simples empleados o a la corporación más famosa? La respuesta era obvia.

Se fue corriendo al hospital y se enteró que efectivamente Martín se cayó por el **balcón** del octavo piso, se rompió dos costillas, la nariz y un brazo. No murió porque las paredes del **jardín** estaban **acolchadas** y le hicieron los **primeros auxilios** rápidamente. Carlos sintió que era el momento adecuado para tomar unas merecidas **vacaciones** de la empresa para cuidar a su amigo y su jefe se lo negó, diciéndole que no era el mejor momento para descansar. Además con su gran **sueldo** solo podía tener un día de vacaciones al **año** y quizá sería para el año **próximo** cuando Martín se incorporara de nuevo.

Esos días tan difíciles Carlos olvidó tomar sus pastillas, estaba tan ocupado cuidando a Martín después de trabajar todo el día que se le olvidó ese gran detalle que luego tuvo efectos irreversibles. En la mañana temprano tenía una **reunión** importante, se arregló bien, se puso el mejor

traje para lucir **elegante** y no tardó en llegar a las oficinas de la corporación para presentar sus nuevos **avances** en la empresa que ya comenzaban a volverse **monótonos**, cada día rompía un nuevo record y ya no había razón para sorprenderse como antes.

Cuando estaba a punto de **exponer** frente a su jefe y a la junta directiva, sus **brazos** comenzaron a tener vida propia, se sintió muy **violento** y tuvo varias **alucinaciones**. Su mundo comenzaba a **girar**, veía vehículos moverse dentro de la oficina, las sillas volaban y solo parecía estar experimentando tal momento. No haber tomado las pastillas rojas le provocó a Carlos horribles efectos secundarios y se vio obligado a abandonar la sala. Corrió hasta el baño, sin querer se miró en el **espejo** de la pared y descubrió como cientos de insectos, **serpientes**, **arañas** y otros animales repugnantes comenzaban a salir de sus ojos como **agua**. ¿Qué era todo eso? ¡Carlos enloqueció! Sin pensarlo dos veces estrelló su cabeza contra el vidrio y lo rompió en mil pedazos, por su frente comenzó a resbalar mucha sangre pero no le importaba, ya no era él, era el efecto de una píldora misteriosa.

Carlos estuvo golpeándose hasta que perdió la conciencia, despertó en el lugar que nadie desea **despertar**, era un hospital. Tenía la cabeza vendada y aún veía muchas cosas volando a su alrededor pero al menos ya no tenía ganas de hacerse daño. Su jefe entró a la habitación con un frasco de las malditas píldoras rojas.

"¿Cómo te sientes?" preguntó el jefe enojado. "Mal, muy mal" admitió Carlos recordando que no había tomado las pastillas hacía una semana. "Tuviste un ataque, eso ocurre cuando no te has bebido tus píldoras" afirmó aún molesto por haber ocasionado tanto escándalo en la empresa. "Ya no sé si quiera seguir bebiendo esas píldoras Señor, discúlpeme" dijo sosteniendo el frasco entre sus manos. "Le recuerdo que está ganando un millón de dólares al mes ¿no le parece suficiente? Usted firmó un contrato donde dice que si revela el secreto está automáticamente despedido. Además, de ahora en adelante no podrá vivir sin tomar esas píldoras al menos que quiera morir" admitió el jefe. Ahora Carlos comprendía los suicidios en la empresa y la locura de Martín, seguramente él también había dejado de tomarlas.

Repentinamente el jefe se calló porque entró un doctor a la habitación y su jefe se giró para hablar con uno de los médicos, Carlos rápidamente abrió una de las pastillas rojas y vertió el polvo en el café del malvado jefe que dejó en su mesita de noche. Carlos dice en voz baja "al menos ahora estamos en este infierno **juntos**".

Summary

SPANISH

Esta historia narra la situación de Martín y Carlos, dos empleados de la "Corporación I.T.". Ellos son víctimas de sus jefes, se vuelven adictos a una píldora roja que los hace trabajar más rápido, luego le ocurre un terrible accidente a Martín y termina en la clínica. ¡La píldora lo volvió loco! Martín y Carlos descubren toda la verdad detrás de la inocente "pastilla roja" y Carlos toma venganza con sus propias manos. Su jefe tarde o temprano se lamentará de lo que hizo.

ENGLISH

This story is about Martin and Carlos, two employees of the "I.T Corporation". They become addicted to a red pill that their company offers to all their workers. This red pill makes them work faster and gives them unhuman like energy. Then one day, Martin begins to act paranoid and has a terrible "accident" and is sent to the hospital. It turns out the red pill is slowly making him go mad! Martin and Carlos discover the frightening truth behind the innocent "Red Pill". In the end, Carlos gets his revenge. The boss will surely regret what he's done to Martin and Carlos!

Let's Tackle Some Grammar!

Programación: Programming
Hermana: Sister
Hijo: Son
Líder: Leader
Rentable: Profitable
Campo: Field
Entrevista de trabajo: Job interview
Cuñado: Brother in law
Jefe: Boss
Frasco: Flask
Rojas: Red
Millón: Million
Consumo: Consumption
Enfoque: Focus
Productividad: Productivity
Inteligente: Intelligent
Parque: Park
Angelical: Angelic
Mes: Month
Vida privada: Private life
Esposa: Wife
Cumpleaños: Birthday
Escritorio: Desk
Manos: Hands
Lengua: Tongue
Gelatina: Jelly
Susurro: Whisper
Enfermedad: Disease
Menos: Less
Ficción: Fiction

Robótico: Robotic
Corriendo: Running
Accidentalmente: Accidentally
Balcón: Balcony
Jardín: Garden
Acolchadas: Padded
Primeros auxilios: First aid
Vacaciones: Vacations
Sueldo: Salary
Año: Year
Próximo: Next
Reunión: Meeting
Traje: Suit
Elegante: Elegant
Avances: Advances
Monótonos: Monotone
Exponer: Expose
Brazos: Arms
Violento: Violent
Alucinaciones: Hallucinations
Girar: Turn
Espejo: Mirror
Serpientes: Snakes
Arañas: Spiders
Agua: Water
Despertar: Wake
Juntos: Together

Questionnaire

1) ¿De qué color era la píldora?

   a) Amarilla
   b) Roja
   c) Verde
   d) Dorada

2) ¿Cómo era el jefe de la empresa?

   a) Bueno
   b) Travieso
   c) Malo
   d) Responsable

3) ¿Cómo se llamaban los personajes principales de la historia?

   a) Martín y Carlos
   b) Carlos y Juan
   c) Martín y José
   d) José y Carlos

4) ¿Dónde despertó Martín después del accidente?

   a) En una clínica
   b) En una cancha de fútbol
   c) En un hotel
   d) En su casa

5) ¿Dónde disolvió Carlos la píldora a su jefe?

   a) En café
   b) En gaseosa
   c) En tres vasos de agua
   d) En limonada

Answers:

1) B
2) C
3) A
4) A
5) A

Chapter 7:

La Muerte los Sigue

(Death Follows Them)

L a **autopista** estaba vacía, no había ningún signo de algún **automóvil** o **camión** cerca. Las luces se encendían y apagaban. A la distancia, una tormenta iluminaba la noche, y el viento comenzaba a mover las **copas de los árboles** violentamente. Las primeras **gotas** comenzaron a mojar el **pavimento**. En medio de la **carretera** tres jóvenes corrían **desesperados** saliendo del bosque sin razón alguna. El terror se reflejaba en sus rostros y ellos no podían hacer otra cosa que correr y gritar.

De pronto, los tres jóvenes cayeron muertos sin ningún signo de violencia. En sus caras se podía ver la sorpresa de quien no esperaba que la muerte llegue tan rápido. Tenían futuro, un trabajo y toda una vida por delante, pero ahora sus cuerpos estaban en la carretera. Los animales del bosque cercano miraban a la distancia a esas tres posibles presas pero sabían muy bien que entrar en el bosque podía significar la muerte. Cada vez que alguien cruzaba las cuevas del bosque moría, estar mucho tiempo en ellas era fatal.

Al día siguiente con la tormenta ya muy lejos y todos los

signos ya secos y olvidados, la **policía** rodeaba la **escena del crimen**, marcaban con tiza el borde de los cuerpos y sacaban **fotografías** a todo lo que parecía interesante o digno de investigación. Como siempre sucedía en estos casos, los camiones de noticias estaban alrededor tratando de sacar la mejor imagen de los cuerpos y luego emitirla en el horario principal. Los periodistas trataban de sacarle **información** a los policías, quienes estaban bajo un estricto **pacto de silencio**. No es que no tenían información, solo que lo mejor en estos casos era esperar que algún **vocero** o representante de la fuerza policíaca hiciera **declaraciones** cuando tuviese todos los datos.

Sin embargo, a pesar de los mejores **intentos** de la policía, no podían encontrar ninguna pista o ningún motivo por el cual tres cuerpos jóvenes estaban en la carretera sin signos de violencia. Sin ningún tipo de solución a la vista, el fiscal que llevaba el caso decidió tragar su **orgullo** y llamar a un viejo conocido: El detective McHeartley.

En su **oficina** el detective estaba descansando, sus pies apoyados encima del **escritorio**, cerca de una caja de pizza sucia y vacía. En el sillón su **gato** descansaba, durmiendo **encima** del sombrero y en una **esquina** su **fiel** chaqueta estaba colgada del perchero. Era una tarde tranquila de **domingo** y el detective no tenía ninguna tarea que hacer. De hecho ni siquiera tenía un **hogar** al que volver, excepto esa oficina donde dormía, trabajaba y vivía toda la **semana**. En medio de la tranquilidad, sonó el teléfono. El ruido hizo que tanto el detective como su **mascota** se despertaran asustados. **Desesperado**, el detective atendió rápidamente el teléfono, él sabía que en un caso de investigación cada segundo es importante.

"¿Hola? ¿Quién es?" prácticamente gritó al **auricular** "Sí, soy yo. ¿Dónde? Estoy a doce horas de distancia en autobús. No lo sé, tengo otros planes para hoy". Su gato lo miró con cara de **fastidio**. "¿Me van a pagar un avión privado? Bueno, está bien, allí estaré".

Tomó su chaqueta, su portafolio y para conseguir su sombrero tuvo que pedirle por favor a su gato que se moviera de encima de él. "Por favor, tengo que irme". Finalmente, después de darle una mirada asesina el gato se movió de encima del sombrero. "Te prometo que te traeré algo de regreso. ¿Atún? ¿Pollo? ¿Qué te parece?". El gato lo miró, solo apoyó su cabeza en la mano del detective para indicarle que podía irse en paz. "La vecina tiene las llaves, así que ella va a cuidarte un rato".

Rápidamente se dirigió al aeropuerto donde lo esperaban los representantes de la policía y subieron todos a un avión privado. Mientras estaba en vuelo, McHeartley tuvo la posibilidad de leer toda la información del caso. Vio todas las fotos y toda la información recopilada por los incansables miembros de la fuerza policíaca. Otro extraño caso. Era el tipo de caso que seguía al detective, el último caso fue en el fin del mundo y fue bastante particular. No podía sacarse de encima la sensación de que este caso no iba a ser tan simple como ese.

Al aterrizar, los policías lo subieron a un coche patrulla, y fueron hacia la escena del crimen. Los periodistas y el alcalde estaban esperándolo, visiblemente nerviosos. Las elecciones eran en una semana y si el alcalde no resolvía el problema con rapidez posiblemente perdería todos los votos. El alcalde recibió con manos temblorosas al detective McHeartley y lo guio hacia una carpa de la policía donde se llevaba a cabo toda la coordinación de la investigación.

Dentro de la carpa había una mesa blanca, una silla y copias de todas las fotos que ya había visto en el viaje hacia la escena del crimen. También tenía encima de la pila un sobre marrón que decía "Informe Forense". McHeartley lo abrió, esperando encontrar la respuesta rápido y volver a su oficina pero en realidad era una sola hoja con un texto debajo que decía "No hay información suficiente para llegar a una conclusión, tan solo se hallaron huellas, estuvieron caminando durante tres días seguidos". El detective suspiró. Iba a ser una larga noche. Llamó a un asistente, pidió el café más negro que pudieran encontrar para mantenerse despierto.

Afuera, la prensa estaba atenta a cada movimiento. Después de todo, no todos los días el detective McHeartley, el héroe del caso del avión perdido, visitaba la ciudad. Y ciertamente esto significa que era un caso muy importante. Las horas pasaban y por supuesto, los **ánimos** eran bastante malos. Después de todo, cuando se **transmite** las 24 horas del día la misma **noticia** queda realmente muy poco que informar si no hay noticias nuevas. Pasaron días **llenos** de **tensión**, todos se sorprendían porque el detective contrató a especialistas de todo tipo para investigar la zona donde encontraron muertos a los jóvenes, así como informes de muertes extrañas en el pasado que hubiesen ocurrido en el pueblo.

En cuanto el detective McHeartley, llamó a conferencia de prensa en la puerta de la carpa. Todos los periodistas agradecieron esas noticias nuevas, ya que significaba que al menos el final la **tortura** estaba cerca. Finalmente podrían saber qué había pasado con los tres **cuerpos**, quién era el **culpable**, y en particular qué pasos se tomarían para **apresarlo** porque las personas de ese pueblo adoraban el drama. Sin embargo, lo que los recibió no fue exactamente lo que esperaban.

"Hola, buenas tardes", dijo McHeartley frente al **micrófono** instalado en un **atril.** "Los llamé a **conferencia** de prensa porque sé exactamente qué pasó con los cuerpos de los jóvenes. Sin embargo…", hizo una pausa que duró años, "creo que no es lo que ustedes esperaban escuchar".

Los periodistas estaban en el borde de sus asientos. McHeartley continuó, "los tres jóvenes no fueron **asesinados** por **naves espaciales**, o por **agentes secretos** del FBI o cualquiera de esas teorías conspirativas que se comentaron mucho en la prensa en estos días. Los tres jóvenes murieron intoxicados y según las huellas estuvieron corriendo alrededor de tres días". El Alcalde no pudo detener su lengua y dijo "¿Quién lo ha hecho Señor detective? ¡Esto es un hecho **siniestro**! Deberíamos suspender las elecciones" gritó para que el **candidato** adversario no le ganara.

"¿Usted piensa suspender las elecciones porque el culpable de la muerte de los jóvenes fue un **hongo**?" preguntó McHeartley enfadado porque lo había interrumpido.

Silencio en la sala. La noticia fue tan fuerte que se podía sentir el silencio en los hogares donde las familias y curiosos seguían la **transmisión**. "Así es ¡sorpréndanse! Los tres murieron intoxicados por un hongo maligno que se encuentra en el bosque de este pueblo", añadió tristemente. "Me pareció extraño que unos jóvenes tan sanos murieran sin signos de violencia, así que pensé que fueron envenenados por algo y analicé todas las plantas del bosque que está cerca de la carretera. Efectivamente la prueba del hongo mortal dio positiva".

Un periodista tuvo mucha curiosidad al respecto y dijo: "Entonces ¿Por qué según las huellas estuvieron corriendo alrededor de tres días seguidos? ¡Me parece que algo más tuvo que haberlos perseguido!". McHeartley lo miró fijamente, "Lo único que los siguió fue la muerte. Verá mi querido reportero, cuando alguien consume un hongo tóxico la persona alucina, cada quien a su manera. Pudieron estar perdiendo la cabeza poco a poco. Los tres jóvenes comenzaron a perder la respiración cuando estaban en lo profundo del bosque e intentaron salir a la **civilización**. Los tres estaban de **campamento** y posiblemente entraron a las cuevas del bosque que están infectadas con el hongo". El silencio fue increíble en la sala de conferencias. "Lamentablemente", añadió con un poco de tristeza, "si hubieran llevado algún teléfono de emergencia, esto se podría haber solucionado porque los efectos del hongo se eliminan con una inyección para las alergias". El alcalde miraba del otro lado de la sala de **conferencias** sin poder creerlo. Todo **indicaba** que el detective McHeartley era tan eficiente como se decía. Los **rastros del veneno** del hongo habían estado matando a muchas personas en medio del bosque.

Ahora el alcalde estaba sin **posibilidades** de ganar las

elecciones. Todo era culpa del bajo **presupuesto**, la falta de **entrenamiento** y de los muy bajos **sueldos** que pagaba a los guardabosques. Como pudo, trató de escapar, para no verse **arrinconado** por la prensa.

El detective se bajó del atril y procedió a buscar su chaqueta y su sombrero. Otro caso resuelto, pensó. Antes de coger el **autobús** hacia el aeropuerto le compró 10 latas de atún a su gato como se lo había dicho antes de irse de casa porque el detective McHeartley era un hombre que hacía todo lo que prometía.

Summary

SPANISH

¡Tres jóvenes aparecieron muertos en una carretera cerca del bosque! El misterio es enorme y el alcalde llama al detective McHeartley. El detective estaba tranquilo en su casa pero decide participar en el caso, luego de investigar por muchos días él descubre la verdad de todo. ¡Los jóvenes no murieron asesinados! El bosque esconde un misterio y solo el detective McHeartley pudo descubrirlo.

ENGLISH

Three men are found dead on a road near the forest! The mystery is baffling and confusing and so the mayor calls for Detective McHeartley to solve the case. The detective is at home taking a break from his usual work but decides to come help with the investigation. After looking for clues for many days he discovers the truth. The three men were not murdered! The forest hid the answer to the mystery and only detective McHeartley could discover it.

Let's Tackle Some Grammar!

Autopista: Highway
Automóvil/Camión: Car/truck
Copas de los árboles: Tree crows
Gotas: Drops
Pavimento: Pavement
Carretera: Road
Desesperados: Desperate
Policía: Police
Escena del crimen: Crime scene
Fotografías: Pictures
Información: Information
Pacto de silencio: Pact of silence
Vocero: Spokesman
Declaraciones: Declarations
Intentos: Try
Orgullo: Pride
Oficina: Office
Escritorio: Desk
Gato: Cat
Encima: Over
Esquina: Corner
Fiel: Faithful
Domingo: Sunday
Hogar: Home
Semana: Week
Mascota: Pet
Desesperado: Desesperate
Auricular: Handset
Fastidio: Nuisance
Ánimos: Moods

Transmite: Transmit
Noticias: News
Días llenos de tensión: Days filled with tension
Tortura: Torture
Cuerpos: Bodies
Culpable: Guilty
Apresarlo: Arrest
Micrófono: Microphone
Atril: Lectern
Asesinados: Murdered
Naves espaciales: Spaceships
Agentes secretos: Secret agents
Siniestro: Sinister
Candidato: Candidate
Hongo: Fungus
Transmisión: Broadcast
Conferencia: Conference
Indicaba: Indicate
Rastros del veneno: Traces of poison
Posibilidades: Possibilities
Presupuesto: Budget
Entrenamiento: Training
Sueldos: Salaries
Arrinconado: Concerned

Questionnaire

1) ¿Dónde fueron encontrados los cuerpos?

   a) En una iglesia
   b) En medio del campo
   c) En una autopista
   d) En sus casas

2) ¿Qué decía el informe forense?

   a) Que habían caminado por tres días seguidos
   b) Decía la causa de la muerte
   c) Decía que habían sido raptados por extraterrestres
   d) Daba toda la información necesaria

3) ¿Cuál es la mascota de McHeartley?

   a) Un oso
   b) Un gato
   c) Un ave
   d) Un perro

4) ¿Por qué murieron los jóvenes?

   a) Por intoxicación de un hongo
   b) Por la picadura de un mosquito
   c) Fueron asesinados
   d) No se sabe

5) ¿Cuántas latas de atún le compró el detective a su mascota?

    a)   5
    b)   10
    c)   3
    d)   9

Answers:

1) C
2) A
3) B
4) A
5) B

Chapter 8:

El Diario

(The Journal)

En un pueblo muy **lejano** vivía un **vendedor** de autos muy **egoísta**, **tacaño** y **egocéntrico**, a todo aquel que le pedía ayuda él lo rechazaba y decía "¡Cada quien que solucione sus propios asuntos!" un día, cuando estaba sentado en el frente de su **negocio** comenzó a darse cuenta que las ventas ya no eran como antes, sus malas decisiones estaban conduciéndolo a la ruina. Maldijo al mundo y en vez de hacer algo bueno para mejorar situación siguió quedándose todo el día hasta que misteriosamente apareció algo raro debajo de su silla como si él lo hubiese puesto allí. Era un **diario**, la portada era marrón, gastada, con letras doradas que decían "El Diario" y dentro, las páginas eran **amarillas** y vacías. Al encontrar el diario, le llamó la atención que nunca lo había visto antes. Era raro, llamativo y bastante interesante, sin embargo, era tan especial que para un hombre tan imbécil como él ese pedazo de papel no significaba nada. Lo lanzó a la basura y cerró su local.

Cuando iba caminando hacia su apartamento, encontró en el camino a una anciana muy amable que llevaba una carga muy pesada. "Buen hombre ¿podrías ayudarme unos minutos con esta **carga**? Me duele mucho la espalda y necesito llevar estas verduras para mi casa, te prometo que falta poco para llegar" dijo la anciana casi sin aliento. "¡Quítese de mi camino vieja! Usted no hace nada más que molestar, camine más despacio para que no se canse tanto" le dijo gritándole como un **estúpido**. Aquel vendedor era cruel e inhumano, no sabía cómo tratar a las personas. "Disculpa por haberte molestado" añadió la vieja casi llorando.

Más adelante iba caminando y un niño llorando le dijo "¡Señor estoy **perdido**! ¿Podría ayudarme a encontrar a mis padres? Este es su número telefónico" el niño sacó de su mochila el número de sus padres pero el vendedor se lo devolvió lleno de **rabia**. "¡Si te perdiste encuentra a tus padres tú solo!" dijo entre gritos. El niño se alejó con la cabeza agachada y siguió su camino en **solitario**, el vendedor no sintió remordimiento porque era muy malo y no tenía **corazón**.

Esa noche llegó a su apartamento profundamente enojado "¡A la **gente** se le ocurre pedir **favores** en todo momento!" dijo. De inmediato vio que el misterioso diario estaba en el centro de su mesa. No recordaba haberlo traído y desde hace mucho tiempo no experimentaba el miedo. Lo tomó en sus manos y lo abrió de nuevo, se sorprendió al ver que en la primera **página** decía: *Tendrás dos deseos: Tu primera opción es acabar con el hambre en el mundo y la segunda es que mañana vendas 10 automóviles. Firma debajo de la opción que prefieras con un bolígrafo".* El vendedor no hubiese creído en eso si el diario no fuese tan misterioso, tomó rápidamente su **bolígrafo** y encerró en un **círculo** la segunda opción, la que representaba una elección egoísta.

Esa noche nada sucedió, al día siguiente como todos los días se duchó y se fue a trabajar. Cuando llegó notó que lo estaban esperando muchos **clientes** afuera de su negocio y cada uno de ellos le compró un coche. Fue un milagro, tuvo tantas **ganancias** con las ventas que ya podía vivir durante un año sin problemas. Tomó de nuevo el diario esa noche y tenía otro escrito: *"Tendrás dos deseos: Tu primera opción es pedir dos deseos más y la segunda opción es que los niños con enfermedades se curen",* el vendedor de nuevo solo pensó en sí mismo y firmó la primera opción, **automáticamente** al diario le aparecieron dos páginas más en blanco. Seguramente debía esperar al día siguiente porque así parecían funcionar las reglas. Al día siguiente aparecieron otras opciones en el diario, esta vez el diario intentaba que él eligiera una opción menos egoísta.

"Puedes elegir entre alimentar a 500 niños en el país más pobre de África o tener una pizza gratis". El vendedor no hizo nada y se llevó el diario a su trabajo. Poco después apareció un hombre **encorvado** de aspecto muy **pobre**, tan **delgado** que se le podían contar los huesos de las manos y le preguntó: "Señor, **piedad**. Deme algunos **centavos** para comprar un **pan**, estoy muriendo de **hambre**". Como el vendedor era tan egoísta le dijo "Váyase de aquí, yo con mucho esfuerzo me gano el dinero para comer" el anciano se fue corriendo y afuera alguien de buen corazón le regaló una **cena**. Mientras tanto el vendedor exclamó: "Ese anciano me ha dado mucha hambre. Voy a pedir mi pizza gratis en vez de alimentar niños en África, de igual forma no los conozco", puso su firma debajo de esa opción en el diario y no tardó en llegar un repartidor de pizzas con su comida.

El vendedor estaba feliz de haber hallado ese diario, no había visto una cosa más excelente en el mundo. Sabía que solo le quedaba un deseo y estaba ansioso porque llegara el día siguiente para saber qué le esperaba, quizá un millón de dólares, una mujer **guapa**, doce autos de colección o quién sabe un palacio lleno de **oro**. Para su sorpresa amaneció rápidamente y corrió a ver qué decía el bondadoso diario.

"Opción 1: acabar con el sufrimiento del mundo, Opción 2: convertirte en un asno".

¿Qué clase de broma es esta?, pensó. Nunca antes el diario le había puesto dos opciones tan tontas, siempre había una mejor que la otra según opinión. ¿Quién iba a desear ser un **asno**? Y ¿quién iba a dar un deseo para toda la **humanidad**? ¡Que cada quién se busque un diario mágico! Los **pensamientos** del vendedor seguían siendo tan egoístas que lanzó el diario por la ventana de su habitación y le cayó en la cabeza a la pobre **anciana** que él se había negado a ayudar con una carga pesada.

Cuando la anciana vio lo que decía el diario ella recordó que su abuela le había hablado una vez de un diario mágico, así que ella creía de verdad en esa historia. Aquel hombre era muy malo, todos los días le hacía cosas malas a las personas de la calle y nunca hacía nada **provechoso**. Ella urgentemente necesitaba un asno para que la ayudara a cargar sus cosas y tenía un plan en mente para que ese deseo se convirtiera en realidad. Aquel vendedor merecía ser un asno porque al menos le serviría de algo a ella, siendo un hombre no hacía nada bueno por nadie.

"Buenos días señor, necesito un favor" dijo la anciana

frente al negocio del vendedor. Este se enfadó al ver que era la misma anciana fastidiosa y le dijo "¡No tengo tiempo, ni dinero, ni comida! Váyase antes de que llame a la policía" la anciana sonrió amablemente. "Vengo a comprarle ese auto" dijo señalándole el auto más caro de su colección. El vendedor estaba asombrado. "¡Qué **bromista**! ¿De dónde va a sacar el dinero?" preguntó dudoso, una mujer como ella no tendría lo suficiente. "Me gané la **lotería** ayer, tengo para comprarme cien coches de colección si quisiera pero si usted no desea vendérmelo me iré a gastar mis millones a otro sitio" añadió la **astuta** anciana. El vendedor corrió hacia ella.

"¡Espere mi **adorada dama**!, quédese. Aquí tengo el auto perfecto para usted, le pondré un buen precio y le haré los **papeles** de la **compra** de inmediato" la anciana firmó todo lo que le dio el hombre, la propiedad del auto y muchas otras hojas más. Finalmente ella le dijo "Necesito que me firme esta parte del papel para que el **banco** me autorice el depósito del dinero a su **cuenta bancaria**". El vendedor que estaba completamente obsesionado con el dinero que iba a recibir y firmó el diario. Sin saberlo estaba pidiendo el deseo de convertirse en un asno.

"Ahora sí, todo está hecho mi querida dama" eso fue lo último que dijo mientras comenzaba a transformarse. Primero le salieron las **orejas**, luego salió de su espalda una enorme **cola** de asno y finalmente todo su cuerpo estaba cubierto de un **fino** pelo **gris**. Aunque era un asno todavía su cerebro era humano, intentaba hablar para protestar pero por su boca solo salían sonidos de animal.

"¡Cállate asno atrevido! No me mires así que tú te mereces

cada pelo de asno que tienes en el cuerpo, vi en el diario cómo decidiste tener comodidades estúpidas en vez de haber ayudado a la sociedad. Ahora me perteneces" exclamó la anciana dándole una palmada en el **lomo**.

El asno intentó escaparse pero la magia del diario lo hacía mantenerse firme al lado de la anciana que lo ató a una **cuerda**, le puso una **silla de montar** y de cada lado le colgó toda la carga de verduras que ella siempre necesitaba transportar hacia su hogar.

Después de un tiempo la anciana no necesitó más de los servicios del asno porque quedó como **heredera** absoluta del negocio de automóviles del vendedor así que para que el vendedor siguiera teniendo su castigo vendió el asno a un hombre que transportaba cargas pesadas para que el resto de su vida la pasara llevando cosas a cuestas de un lado a otro. Finalmente, la anciana se transportaba en automóviles con un **chofer** mientras que el asno trabajaba día y noche sin poder protestar, todo por su **codicia** y falta de humanidad.

Summary

SPANISH

¡Esta historia está llena de magia! Un vendedor egoísta, tacaño y malvado recibe un diario. Este diario no es común, tiene la capacidad de hacer deseos realidad con dos opciones, una opción egoísta y una buena para la humanidad. Él comienza a pedir deseos egoístas y al final la vida lo castiga ¡se convierte en un burro por toda la eternidad!

ENGLISH

This is a story of mystery and magic! A bad, stingy, and selfish salesman finds an old and worn out diary. The diary is no ordinary diary, as it holds the magical power to make one of two wishes come true. Written on each page is a selfish wish and an unselfish wish. The salesman chooses to make a selfish wish each time. In the end, the universe punishes him and he is transformed into a donkey for all eternity!

Let's Tackle Some Grammar!

Lejano: Far
Vendedor: Salesman
Egoísta: Selfish
Tacaño: Stingy
Egocéntrico: Egocentric
Negocio: Deal
Diario: Daily
Amarillas: Yellow
Carga: Load
Estúpido: Stupid
Perdido: Lost
Rabia: Rage
Solitario: Lonely
Corazón: Heart
Gente: People
Favores: Favors
Página: Page
Bolígrafo: Pen
Clientes: Customers
Ganancias: Earnings
Automáticamente: Automatically
Encorvado: Curved
Pobre: Poor
Delgado: Thin
Piedad: Mercy
Centavos: Cents
Pan: Bread
Hambre: Hunger
Cena: Dinner
Guapa: Beautiful

Oro: Gold
Asno: Donkey
Humanidad: Humanidad
Pensamientos: Thoughts
Anciana: Old woman
Provechoso: Useful
Bromista: Joker
Astuta: Astute
Adorada: Adored
Dama: Lady
Papeles: Papers
Compra: Purchase
Banco: Bank
Cuenta bancaria: Bank account
Orejas: Ears
Cola: Tail
Fino: Fine
Gris: Gray
Lomo: Loin
Cuerda: Rope
Silla de montar: Saddle
Heredera: Heiress
Chofer: Driver
Codicia: Greed

Questionnaire

1) ¿Qué vendía el protagonista?

   a) Maquillaje
   b) Automóviles
   c) Ropa
   d) Animales

2) ¿Qué favor le pidió la anciana?

   a) Que le ayudara a llevar una carga
   b) Que le diera dinero
   c) Que le cantara una canción
   d) Que le regalara un auto

3) ¿Cuál fue el primer deseo?

   a) Un viaje a las Bahamas
   b) Vender 10 automóviles
   c) Casarse con una modelo
   d) Hablar 10 idiomas

4) ¿Qué favor le pidió el niño?

   a) Que buscara a sus padres
   b) Que le diera un auto
   c) Que bailara hip hop con él
   d) Que le comprara galletas

5) ¿En qué se convirtió finalmente el malvado protagonista de la historia?

   a) En un gato
   b) En un caballo
   c) En un burro
   d) En un loro

Answers:

1) B
2) A
3) B
4) A
5) C

Chapter 9:

El Cuerpo Perdido

(The Lost Body)

"Era un día de primavera brillante y soleado, no el tipo de día que se esperaría que ocurriera un asesinato horroroso, pero inesperadamente en el vecindario High Village en Massachusetts apareció la policía, luego la ambulancia y finalmente estaban todos los vecinos en la calle. ¡Una mujer fue asesinada! o eso dice todo el mundo y la policía no pudo encontrar el cadáver en ninguna parte. Los vecinos escucharon ruidos extraños y un transeúnte vio algo inusual afuera de la casa de los Williams. No tardaron en llegar los reporteros y una vez que la historia del asesinato llegó a las noticias, todos en el país lo sabían.

Todas las pruebas apuntaban a que el marido asesinó a su esposa a sangre fría en su propia casa. La sangre, las huellas dactilares y el arma homicida se encontraron en la escena del crimen, pero la policía no podía encontrar el cuerpo. Buscaron en el armario, debajo de la cama, en el jardín pero no se encontró absolutamente nada. Hay signos evidentes de lucha ya que la escena del crimen era un desastre. Los vecinos y un testigo de fuera de la casa juraban escuchar a una mujer desde el interior de la casa gritando de terror, así como las cosas que se lanzaron alrededor y el cristal roto. Incluso sin un cadáver hay demasiadas pruebas condenatorias y la policía arresta al marido.

El día del juicio llega pero aún no se puede encontrar el cuerpo, el juez estaba sentado mientras el fiscal abre el debate con el acusado "Sr. Williams, ¿dónde estuvo el día que asesinaron a su esposa?" el Sr. Williams estaba tranquilo y respondió "Yo había ido a pescar solo el fin de semana" el fiscal lo interrumpe diciendo "¿No crees que es conveniente que estuvieras solo y que no haya nadie más que pueda confirmar tu paradero ese día específico?" El Sr. Williams se defendió de inmediato diciendo "Salgo por ahí a menudo, es mi manera de sentirme tranquilo. Creo que cualquier esposo que haya estado casado por muchos años puede entender lo maravilloso que es el silencio". La multitud se echó a reír.

El juez se enfada mucho y grita "¡Orden! ¿Usted y su esposa peleaban o discutían regularmente?" El Sr. Williams respondió tranquilamente "Por desgracia, sí. Para ser honestos, nos odiábamos mutuamente. Pero nunca pensaría en lastimarla físicamente, no soy un hombre agresivo". El fiscal levantó las hojas de la investigación y le preguntó "Solo se encontraron tus huellas en el cuchillo" El Sr. Williams suspira cansado diciendo "La razón por la que no encontró las huellas dactilares de mi esposa en el cuchillo se deben a que ella no cocina. Honestamente, es la cocinera más terrible que conozco, solo pregúntale a nuestro gato, él estará de acuerdo conmigo". De nuevo toda la audiencia comenzó a reír descontroladamente y el Juez comenzó a dar martillazos por todo su escritorio, miró a Williams fijamente como queriendo estrangularlo.

El fiscal continuó "¡La sangre de su esposa estaba en todo el piso de la cocina, así como en algunas manchas en su ropa y zapatos que encontramos en su triturador de basura!" el Juez esperaba respuestas relevantes. "Le juro que no sé cómo llegó mi ropa o la sangre, además esa sangre no debe ser de ella" añadió Williams enojado. El juez le preguntó finalmente. "¿Mataste a tu esposa?" y Williams respondió "¡No, no lo hice! Me declaro inocente". A continuación, sus vecinos, el señor y la señora Miller se levantan para declarar. "¿Quiénes son ustedes dos?" preguntó el fiscal. "Vivimos frente a la residencia de Williams y escuchamos a la señora gritando terriblemente. Normalmente los escuchamos a ambos gritándose, pero esto era diferente. Ella sonaba aterrorizada. Llamamos a la policía de inmediato", añadió el Señor Miller.

El Juez estaba dudoso y entonces el fiscal continuó con el interrogatorio "Tengo una pregunta, pero esta pregunta es solo para la Señora Miller. ¿Ha estado teniendo una aventura con el Sr. Williams?" Un murmullo silencioso se pudo escuchar entre la multitud y el fiscal continuó". "Se ha confirmado a través de mensajes de texto y correos electrónicos de su iPhone, que ambos estaban en comunicación y que también le habían enviado algunas fotos explícitas de usted misma. ¿Ha asesinado por celos a la señora Williams? ¿O ayudó al acusado a asesinar a la señora Williams?" La Señora Miller se asustó y gritó "No, ¡eso es ridículo! Odiaba a esa perra y ella no merecía estar casada con el Sr. Williams, pero yo nunca haría una cosa así". En este punto, su esposo, el señor Miller, que acababa de enterarse del romance de su esposa con su vecino, estaba gritando y discutiendo con ella y la multitud volvió a ponerse en estado de alboroto.

El juez volvió a poner a todos en silencio "¡Orden! Traiga al siguiente testigo". El siguiente testigo que afirmó estar en la escena del crimen, era una mujer musulmana muy alta llamada supuestamente Fadilah, y había estado caminando fuera de la casa cuando también escuchó los gritos. "Sra. Fadilah, ¿qué vio y escuchó?". La mujer comenzó a hablar con una voz misteriosa y delicada "Acababa de terminar algunas compras en el centro comercial cercano y me dirigía a casa cuando escuché a una mujer gritar desde el interior de la casa". El fiscal la enfrentó diciendo "Justo aquí el informe de la policía dice que usted no llamó a la policía", la mujer se puso nerviosa y dijo "Me había olvidado de traer mi teléfono conmigo". El fiscal le preguntó "¿Vio algo de lo que estaba pasando en la casa?" y Fadilah respondió "Sí, lo hice. Cuando escuché los gritos, miré hacia la casa a través de una ventana para ver qué estaba pasando y vi a una mujer amenazada con un cuchillo, un hombre intentaba matarla". ¡La audiencia se quedó sin aliento!

El Juez estaba sorprendido, por primera vez alguien decía algo importante en la sala, así que le preguntó rápidamente "¿Quién era este hombre? ¿Está aquí en esta habitación?" Fadilah no tardó en apuntar al Señor Williams. "Sí. Ese es el hombre". La habitación estaba ahora en un alboroto. "¡Orden!" La habitación quedó en calma por quinta vez. "¿Qué pasó después?" preguntó el Juez, y la señora Fadilah comenzóa emocionarse.

Fadilah finalmente explicó: "Estaba aterrorizada, la pobre mujer se veía tan indefensa y no podía entender cómo su marido podía ser tan horrible, si ella era una mujer fiel, le hacía la comida a tiempo, lavaba su ropa y era muy amorosa. Realmente lo amaba, me refiero a que "ella" debe haberlo amado realmente". Toda la sala comenzó a sentirse incómoda porque la Señora Fadilah parecía saber más que nadie la situación de esa pareja. El juez no entendía nada y preguntó: "¿Cómo sabe usted todas esas cosas privadas del Señor y la Señora Williams?" Fadilah se quedó en silencio, pero entonces, el señor Williams habló de repente: Señoría, ¿puedo hacerle una pregunta al testigo? El juez respondió afirmativamente. El Sr. Williams se dirigió a la testigo y preguntó: "¿Puede levantar su mano izquierda y mostrar a todos su anillo de bodas Señora Fadilah?"

La señora Fadilah protestó. "¿Por qué? No lo haré señor Juez, es algo muy privado". El juez habló con la testigo "Le ordeno que por favor muestre a todos su anillo de bodas". A regañadientes Fadilah, levantó la mano y mostró a todos su anillo de bodas. El señor Williams dijo en voz alta. "Ese anillo pertenece a mi esposa. ¡O tú eres la asesina de mi mujer o eres mi esposa!" Hasta ahora nadie había podido ver el rostro de la testigo, ya que es costumbre que las mujeres musulmanas usen un burka en público. El juez le preguntó a la testigo. "Por favor, retire su burka y revélese por favor".

Los reporteros, los camarógrafos, los periodistas y la audiencia contuvieron la respiración mientras ella se quitaba lentamente la tela de su cara. Claramente, era la señora Williams. Era ese rostro que todos habían visto en el periódico y las revistas desde hacía una semana.

"¡No puede ser cierto!" gritó el Juez espantado por ver una mujer que debía estar muerta. "Señor Juez yo le dije toda la verdad, yo nunca iba a matar a mi mujer. Claro que discutimos pero nunca sería capaz de hacerle algo como eso". La Señora Miller estaba feliz de que no metieran a su amante a la cárcel, mientras que el Señor Miller la tomaba por el brazo para irse a discutir a casa.

El juez miró a la supuesta Fadilah y le preguntó "¿Por qué lo hizo señora? esto le traerá graves consecuencias ¡usted ha sido testigo falsamente en su propio asesinato!" la mujer miró fijamente al Señor Williams diciendo "Señor Juez he actuado bajo mi propia locura, ya no podía vivir con este hombre infiel, malvado y malagradecido. ¡Quería darle un susto, merecía algo como esto después que lo descubrí besándose con la Señora Miller, mi vecina!" El juez que ya tenía las pruebas suficientes dijo "Señora Miller no se vaya, debe venir de nuevo a ver la sentencia" la mujer asustada retrocedió, mientras el Señor Williams estaba temeroso por el futuro de su amante.

El juez comenzó a hablar con mucha autoridad "Primeramente Señora Williams usted no debió haber levantado pruebas falsas ante su esposo, no era necesario cometer un delito puesto a que era mejor defenderse con la ley. En Massachusetts una persona casada que tenga relaciones sexuales con una persona que no sea su cónyuge será culpable de adulterio y será castigado con prisión en la prisión estatal por no más de tres años o en la cárcel por no más de dos años o por una multa de no más de quinientos dólares".

La Señora Miller se quedó con la boca abierta de sorpresa y el juez les dijo "Aquí, en Massachusetts, la infidelidad es un delito grave y ambos, por provocar este enorme problema, están sentenciados a tres años de cárcel sin derecho a fianza". La Señora Williams comenzó a celebrar gritando por toda la sala.

"Un momento, Señora Williams" continuó el Juez "No puede celebrar antes de tiempo, por provocar este problema y presentar pruebas falsas, usted está igualmente sentenciada a tres años de prisión. Espero que aprendan a comportarse como adultos y no a jugar con la ley. Es todo por hoy" dijo el Juez levantándose de la silla. Los tres alborotadores fueron enviados a la cárcel y el pobre Sr. Miller eventualmente se volvió a casar, compró una casa, pero esta vez sin vecinos.

Summary

SPANISH

¡Aparentemente un hombre asesina a su esposa! Todo el vecindario está aterrado, no tardan en llegar los reporteros, la policía, la ambulancia y todo el país conoce la noticia. Pero el cuerpo de la mujer no aparece. El sospechoso, el Sr.. Williams es enjuiciado, los testigos son sus vecinos y una misteriosa mujer musulmana que parece esconder su identidad. Esta historia al final tiene un giro sorprendente, hay infidelidad y falsos testimonios.

ENGLISH

A man has murdered his wife! The whole neighborhood is horrified. The police and an ambulance arrive at the scene of the crime and once the news reporters air the story on live television, the whole country learns of the murder. But what's strange is that the body of the murdered woman cannot be found. Because of the damning evidence, the main suspect, Mr. Williams is arrested. There are three witnesses; the next-door neighbors and a mysterious Muslim woman. At the end of the story there is a surprising twist that includes a revelation acts of infidelity and a deceptive false testimony.

Let's Tackle Some Grammar!

Primavera: Spring
Soleado: Sunny
Ambulancia: Ambulance
Vecinos: Neighbors
Pruebas: Tests
Huellas dactilares: Fingerprints
Desastre: Disaster
Interior: Inside
Cristal roto: Broken glass
Juicio: Jugdment
Fiscal: Fiscal
Pescar: Fishing
Paradero: Whereabouts
Multitud: Crowd
Regularmente: Regularly
Desgracia: Misfortune
Mutuamente: Mutually
Cocinera: Cook
Audiencia: Audience
Descontroladamente: Uncontrolled
Martillazos: Hammer blows
Estrangularlo: Strangle it
Piso: Floor
Ropas: Clothes
Zapatos: Shoes
Triturador de basura: Garbage disposer
Relevantes: Relevant
Dudoso: Doubtful
Aventura: Adventure
Murmullo: Murmur

Celos: Jealousy
Perra: Bitch
Discutiendo: Arguing
Alboroto: Rampage
Musulmana: Muslim
Compras: Purchases
Centro comercial: Mall
Informe: Report
Aliento: Breath
Indefensa: Helpless
Fiel: Faitful
Lavaba: Washed
Pareja: Partner
Privadas: Private
Izquierda: Left
Anillo de bodas: Wedding ring
Tela: Fabric
Revistas: Journals
Graves: Serious
Susto: Scare
Castigado: Punished
Infidelidad: Infidelity
Fianza: Bail
Ley: Law

Questionnaire

1) ¿De quién es el cuerpo perdido?

   a) De la Señora Williams
   b) De un anciano
   c) De la Señora Miller
   d) Del Señor Miller

2) ¿Cómo se llama la misteriosa musulmana?

   a) Fadilah
   b) Fátima
   c) Faraj
   d) Abdulah

3) ¿Quién es la amante del Señor Williams?

   a) Fadilah
   b) La Señora Williams
   c) La Señora Miller
   d) Ninguna de las anteriores

4) ¿Cuál es el arma sospechosa con a que supuestamente
   el Señor Williams asesina a su esposa?

   a) Un cuchillo
   b) Una pistola
   c) Una cuerda
   d) No hay arma sospechosa

5) ¿Quiénes van al final a la cárcel?

   a) El Señor Miller
   b) El Señor Williams, la Señora Williams y la Señora Miller
   c) La Señora Miller y el Señor Miller
   d) Nadie va a la cárcel, pagan una multa

Answers:

1) A
2) A
3) C
4) A
5) B

Chapter 10:

Pollos, Tractores y Cocaína

(Chickens, Tractors and Cocaine)

"¿Hola?" La voz **rasposa** del detective McHeartley hizo eco en la oficina. Su gato estaba durmiendo encima del sombrero como siempre y su querida chaqueta estaba en el perchero. Las cajas de pizza de hacía semanas se encontraban en la mesa, y no las iba a quitar por nada del mundo. "Sí, él habla. Digo, soy yo. ¿Qué sucede?"

Su gato lo observó con una mirada muy **cansada**, sabiendo exactamente qué iba a suceder ahora. Otro **misterioso** caso que solo puede resolverse con la ayuda del mejor, el detective McHeartley. ¿Cuántos habían sido este año? ¿Cinco? Al menos pagaban bien. Y cada vez que volvía, traía comida, así que en lo que se refería a la **mascota**, podía irse cuando quisiera. Además, su vecina lo cuidaba mucho mejor que él.

"Está bien, pero mire, estoy un poco atrasado con algunos **pagos**, realmente me ayudaría que me diera un **adelanto**". McHeartley hablaba por teléfono mientras caminaba por

114

toda la habitación, y el **cable** de teléfono tiraba toda la basura. "¿En serio? Perfecto, muchas gracias, estaré en el aeropuerto en media hora". El detective se acercó a su gato, y le dijo "Mira, voy a estar fuera un **par** de días, ya sabes, lo usual. No te enfades. Prometo traer algo especial como regalo". Su gato lo miró, le lamió la mano en señal de afirmación, y se movió de su adorado sombrero. Tomó su querido abrigo, se puso sus zapatos y salió corriendo. Tenía media hora para llegar al aeropuerto, que estaba a una hora de distancia.

De alguna manera, utilizando un taxi, saltándose todos los semáforos en rojo, e incluso incurriendo en alguna que otra **infracción de tránsito**, logró llegar a tiempo al aeropuerto. Presentó su pasaporte y subió al avión privado que lo esperaba. Por dentro, el avión tenía todo tipo de lujos: no solo tenía una azafata que le ofreció bebidas y comida preparada especialmente para él, sino que además tenía en una mesa toda la información del caso. Aparentemente, según los informes de la policía, había habido un asesinato en una granja. El fallecido era un granjero que vivía solo, y era bastante antipático con la gente. No solía juntarse con nadie, y solo dejaba la granja una vez cada tres meses para comprar comida y herramientas. No tenía ningún familiar vivo, ni tampoco tenía conexión a internet en su hogar. De hecho, lo único que tenía era un teléfono móvil que había aceptado a **regañadientes** en caso de una emergencia.

"Interesante" dijo en voz alta el detective McHeartley. Abrió el informe correspondiente a las pericias del teléfono. Tenía un solo número guardado, y era el teléfono de emergencias médicas. No había registro de ningún tipo de entrada forzada a la casa, ni tampoco huellas por ningún lado. Según los pocos **vecinos** que lo conocían, no tenía ningún enemigo, ya que ni siquiera interactuaba lo suficiente con el resto del mundo como para poder llegar a ganarse enemigos. En su hogar no había más información de él, excepto algunas fotos de cuando era más joven y se encontraba en el colegio secundario. El detective tomó nota de todo esto, y viendo que le quedaban todavía dos horas de vuelo, decidió descansar un poco.

Al llegar al aeropuerto, en lugar de esperarlo algún representante de las fuerzas policíacas, había un hombre misterioso con un tractor. Éste le hizo señas para que se subiera en la parte de atrás y le pidió que se sujetara fuerte. "¿Por qué el jefe de policía me mandó a buscar en un tractor?" preguntó el detective, a lo que el hombre respondió "Es un camino difícil y lleno de baches mi querido detective, los tractores son perfectos para transportarnos en esta especie de sitios". Era el **ejemplo** más claro de un granjero: Barba larga, brazos marcados por el uso de las herramientas, y piel morena por estar trabajando varias horas bajo el sol. Lo más interesante fue el tatuaje de tres estrellas que se veía descuidadamente en su espalda.

El viaje hacia la **granja** era peligroso y estaba lleno de agujeros en el suelo, así que si quería llegar de una sola pieza, tendría que prestar atención. Después de varios minutos llegaron al hogar del granjero. Era una granja rodeada de plantaciones, árboles a la distancia, y un pequeño cobertizo donde se guardaban las herramientas y los víveres. No tenía ninguna maquinaria pesada, así que seguramente todas las tareas las cumplía **manualmente**.

Eso explicaba, por supuesto, el buen estado físico del granjero fallecido, ya que uno no podría trabajar en la granja sin perder peso o mantener un buen estado físico.

Cuando ingresaron, encontró que todo el hogar había sido revisado y fotografiado por la policía, así que todavía había marcas en el suelo de las pisadas y manchas de barro. Ciertamente era una suerte que hubiesen fotografiado e informado todo como debían, porque si uno quisiera buscar pistas o alguna idea de qué podía haber ocasionado la muerte del granjero no se podría encontrar ninguna información.

McHeartley tomó toda la información que le habían dado en el avión, la apoyó en la mesa y se preparó un café. Mientras ponía los granos y el agua caliente, comenzaba a formar los pensamientos en su cabeza. ¿Quién habrá sido el culpable? ¿Quién odiaría tanto a este granjero que, a juzgar por todo lo que informan, era una buena persona, más allá de ser un **ermitaño**?

Al poco tiempo, un jefe de las fuerzas policíacas ingresó. Al ver al detective preparando café, se acercó y le pidió una **taza** para él. Los dos se sentaron a **contemplar** el caso en silencio. Había algo que apreciaba mucho el detective McHeartley y era el silencio y la **paz** que puede haber mientras uno está tomando un café. Cuando terminó la taza, el jefe de la policía solo dijo: "Quiero que esté solucionado para esta misma noche. Sin **excusas**".

McHeartley odiaba tener presiones extra y se sentó en el sillón pensativo hasta que tomó una decisión. El detective salió sin que nadie lo viera por el **fondo** de la casa y se escapó caminando hacia el **gallinero** que el granjero le prohibió ver, le tomó una hora llegar porque el camino estaba demasiado **fangoso**. Fuera, esperaban algunos reporteros, pero lo remoto de la escena del crimen no alentaba que se acercaran enormes cantidades de **periodistas** como las que estaba acostumbrado. Horas y horas pasaron mientras no había ninguna **novedad**.

"¡**Vaya, vaya**! ¡Estos **pollos** tienen un demonio!" Gritó cuando logró romper la **cerradura** que tenía dos **candados**. ¿Por qué iban a proteger tanto un simple gallinero? McHeartley se dio cuenta que los pollos estaban locos, tenían los ojos rojos y se peleaban unos con otros mientras que los del otro **grupo** parecían estar desmayados en el suelo. Cuando caminó hasta el final se dio cuenta con su linterna que había algo oculto en un **escondite** de la pared. El detective quitó la tela y dejó al descubierto cientos de **envoltorios** con **cocaína**, él sabía exactamente qué era porque trabajó durante muchos años de policía en el control de **drogas** en los Estados Unidos.

Uno de los envoltorios estaba roto por eso los pollos estaban alimentándose con la droga. Tomó su teléfono y buscó en la página de la Policía Nacional a la que él tenía acceso una lista de los tatuajes más populares en las **pandillas** del narcotráfico. Encontró el tatuaje del hombre del tractor, efectivamente pertenecían a una pandilla que traficaba cocaína desde México a los Estados Unidos. Obviamente el hombre del tractor tenía amenazado al granjero para que les escondiera la droga y usó su gallinero para guardarla. McHeartley tomó muestras de la cocaína, fotografías con su teléfono, todo estaba casi **resuelto**. "Tal vez el asesino sea el tipo tractor, pero espera, ¡el jefe de la policía envió al tipo tractor! Tienen demasiada conexión" pensó marchándose rápidamente para darle vueltas a su plan.

Alrededor de las nueve de la noche, se acercó el jefe de la policía. Entró en la casa del granjero y vio a McHeartley sentado pensativo en el sillón, mirando un punto fijo. El jefe se acercó, le tocó el hombro y esperó una **respuesta**. El silencio se hizo muy incómodo, hasta que el detective McHeartley contestó: "Realmente no entiendo con **quién** cree que está tratando. No soy un **novato**. Llevo en esto 20 años. Sé cuándo me están **mintiendo** en mi **propia** cara".

El jefe de la policía se quedó mirándolo en silencio. Al cabo de unos segundos, **contestó** "¿A qué te refieres, detective? ¿Acaso ahora te has vuelto loco? ¿Es que en tu **ignorancia**, ahora buscas **enemigos** falsos?". McHeartley se **acercó** rápidamente y se paró enfrente del jefe de la policía. "¿Crees que estoy equivocado? No te atrevas a jugar conmigo. Esta escena del crimen está demasiado limpia pero lo que está muy sucio es el gallinero y posiblemente tu coche".

McHeartley salió de la casa del granjero, y se acercó al coche de policía del jefe "Si tú, jefe, fueras inocente, aquí no debería encontrar ninguna evidencia de que tú lo asesinaste, ¿verdad?". El jefe contestó gritando "¿Yo? **¿Asesinar** a alguien? ¿Acaso has perdido la cabeza?" McHeartley hizo oídos sordos a su reclamo, y abrió el baúl del coche. Dentro de él, se podían ver manchas de sangre, y ropa sucia. "La verdad jefe, diría que eres un estúpido porque no eliminaste la evidencia y además, un arrogante por volver aquí con el mismo coche. Pero creo que confiaste demasiado en la inmunidad de tu cargo, y además, toda la policía estaría vigilando los ríos y toda la zona por cualquier movimiento sospechoso".

El jefe de la policía se quedó en silencio un momento "¿Cómo te diste cuenta que yo era el **culpable**?" McHeartley rió un momento, y contestó "Porque enviaste un hombre con un tractor que no me daba **confianza** para que vigilara todos mis pasos pero como siempre yo me fijo en todos los detalles. Enviaste al tipo del tractor en lugar de tu **auto** para recogerme, así te daba más tiempo para deshacerte de las pruebas y "**limpiar**" la **escena** del crimen. Usaron el gallinero para **esconder** droga y cuando el granjero se dio cuenta ustedes lo sacaron de su **camino**". El jefe sacó su arma y apuntó al detective "Qué **lástima**, pero creo que nadie va a poder escuchar tu **teoría absurda** y loca, nadie va a dudar de un jefe de policía".

McHeartley sacó de su bolsillo un pequeño móvil. Era el móvil del granjero, que estaba en llamada con la policía nacional desde antes que llegara el jefe de la policía. "¿Decía, señor Jefe de Policía?"

Summary

SPANISH

¡Un buen granjero fue asesinado! El jefe de policía llama al detective McHeartley para que solucione el caso. Desde que comienza a investigarlo descubre que la escena del crimen está muy limpia, hay pocos detalles sospechosos pero entra al gallinero del granjero y encuentra cocaína, los pollos han comido de la droga ¡se han vuelto locos! La historia toma un giro inesperado y el culpable al final es el menos sospechoso.

ENGLISH

A farmer has been killed! The chief of police calls for Detective McHeartley to solve the case. When he begins to investigate the case, he discovers that the crime scene is unusually clean and there are some other details he also finds suspicious. As he enters the farmer's coop, he discovers that the chickens have gotten into a bag of cocaine and are acting completely insane! In the end, the story takes an unexpected turn and the culprit is the person we least expected.

Let's Tackle Some Grammar!

Rasposa: Raspy
Cansada: Tired
Misterioso: Mysterious
Mascota: Pet
Pagos: Payments
Adelanto: Advancement
Cable: Wire
Infracción de tránsito: Traffic infraction
Regañadientes: Reluctantly
Vecinos: Neighbors
Ejemplo: Example
Granja: Farm
Manualmente: Manually
Ermitaño: Hermit
Taza: Cup
Completar: To complete
Paz: Peace
Excusas: Excuses
Fondo: Background
Gallinero: Hen House
Fangoso: Muddy
Periodistas: Journalists
Novedad: Novelty
¡Vaya, vaya!: Well, well
Pollos: Chickens
Cerradura: Lock
Candados: Padlocks
Grupo: Group
Escondite: Hiding place
Envoltorios: Wrappers

Cocaína: Cocaine
Drogas: Drugs
Pandillas: Gangs
Resuelto: Resolved
Respuesta: Answer
Quién: Who
Novato: Rookie
Mintiendo: Lying
Propia: Own
Contestó: He answered
Ignorancia: Ignorance
Enemigos: Enemies
Acercó: Approached
Asesinar: Murder
Culpable: Guilty
Confianza: Trust
Auto: Car
Limpiar: Clean
Escena: Scene
Esconder: Hide
Camino: Road
Lástima: Pity
Teoría: Theory
Absurda: Absurd

Questionnaire

1) ¿Quién era la víctima?

    a)   Un granjero
    b)   Un economista
    c)   Un contador
    d)   Nadie importante

2) Desde que llegó al aeropuerto, ¿quién acompañó al detective a la escena del crimen?

    a)   Un hombre en una moto
    b)   Un hombre en un tractor
    c)   Un avión privado
    d)   Un niño en bicicleta

3) ¿Quién presionó a McHeartley para que resolviera el caso rápido?

    a)   El jefe de la policía
    b)   El alcalde
    c)   El presidente
    d)   La prensa

4) ¿Quién fue el asesino?

    a)   El alcalde
    b)   Un ladrón
    c)   No hubo asesino
    d)   El jefe de la policía

5) ¿Cómo se protegió McHeartley ante cualquier problema?

a) Hizo que el teléfono transmitiera toda la confesión del asesino
b) Lo atrapó en una trampa especial
c) Lo encarceló
d) No hizo nada

Answers:

1) A
2) B
3) A
4) D
5) A

Chapter 11:

Una Celebración Mortal

(A Deadly Celebration)

El marco de la puerta estaba lleno de sangre, no había dudas de que el asesinato de la Señora Turner había sido uno de los peores de Kansas. Su cuerpo estaba en el suelo **aferrado** aún a la puerta, era evidente que ella había querido **defenderse** puesto a que tenía un cuchillo limpio en una de sus manos pero el asesino fue más rápido y la **apuñaló** por la espalda en repetidas ocasiones. La escena del crimen estaba limpia, todo parecía estar normal pero había algo extraño en la **nevera** y la mesa de la casa. Un enorme pastel bien decorado sobre la mesa y dos botellas de champaña recién compradas estaban en la nevera. "¡Mi madre y yo nunca compramos champaña, es demasiado costosa y solo compramos un pastel cuando hay algo que **celebrar**!" decía su pobre hija Sofie Turner sin dejar de llorar al oficial de policía.

La Señora Turner era una mujer **amorosa**, muy querida en el pueblo porque daba clases de flamenco, baile que aprendió durante sus años viviendo en Andalucía. Su única debilidad era la **lotería**, Sofie desde que estaba en la Universidad siempre la había intentado ayudar a superar esa obsesión pero era demasiado grave. Cuando el padre de Sofie las abandonó, la Señora Turner se refugió en los juegos y nunca más pudo salir de ese estado. Como el Señor Turner era el único que ganaba mucho dinero en casa desde que se fue ellas quedaron en la pobreza, solo tenían como **propiedad** esa casa que estaba en muy mal estado y la Universidad de Sofie generaba muchos **gastos**. La ilusión de la Señora Turner era ganar el premio mayor en la lotería, siempre soñaba que iba a ser millonaria para salir de la pobreza de la noche a la mañana pero lo que no sabía era que su destino era mucho más triste. A veces dejaba de comprar comida para pagar las **facturas** de la lotería y siempre discutía con Sofie que intentaba hacerla entrar en razón.

Richard, el novio de Sofie, **descubrió** a la mujer muerta, y para las **autoridades** pasó a ser el sospechoso principal. En el interrogatorio dijo que esa mañana él llamó repetidas veces a la casa y no recibió respuesta, decidió entrar por la ventana trasera a ver si todo estaba bien pero encontró un par de vidrios rotos cerca de la ventana de la habitación, se le puso la piel de gallina y siguió caminando hasta que encontró el cadáver brutalmente asesinado. No tardó en llamar a la policía y luego llamó a su querida novia Sofie que estaba en la Universidad.

Los policías no creían el relato de Richard, ellos tenían experiencia en ese tipo de casos y sabían perfectamente que los asesinos fingían un estado de preocupación o tristeza por el cadáver pero era solo para **despistar**, siempre ocultaban su verdadero comportamiento. Sofie no sabía a quién creer, estaba confundida, además su madre no tenía enemigos, no se llevaron nada de la casa así que la muerte no podía ser un robo.

"¿La Señora Turner estaba molesta con usted?" preguntó el oficial de policía a Richard mientras él se secaba el sudor de la frente. Sofie comenzó a llorar porque sabía que algo había ocurrido últimamente. "Señor, Sofie y yo queríamos casarnos pero ella dijo que era mejor esperar un año más hasta que Sofie terminara la universidad. Discutimos el jueves en la tarde pero no fue nada grave, solo palabras" explicó Richard nervioso. "Por casualidad ¿No quisiste ir a hablar a solas con ella para discutir el tema de nuevo y como no aceptó la mataste?" preguntó el policía mientras grababa todas las respuestas. "¡No Señor! Sofie, te juro que yo no maté a tu madre, preferiría matarme a mí mismo primero" dijo mirando a su novia para que ella no pensara nada malo.

"Yo estoy haciéndole este interrogatorio a usted, no hable con su novia si yo no se lo permito ¿Entendido?" preguntó el policía. "Entendido Señor" replicó Richard casi llorando porque su destino estaba casi descifrado. "Ahora es el turno de usted Señorita Sofie Turner, quiero que me diga qué sabe usted de todo este caso" dijo el Policía. "Yo en la mañana me despedí de mi madre con un beso en la mejilla, tomé el autobús de la universidad y casi al medio día recibí la llamada de Richard, puede revisar mi teléfono si quiere. En ese instante me dijo la desgracia que había ocurrido" añadió Sofie llorando. "¿Usted creyó lo que él le dijo?" preguntó el oficial.

"En un principio sí pero ahora tengo muchas dudas, mi madre no tenía ni un solo enemigo y con él había discutido recientemente" añadió tristemente. Richard se levantó de la silla diciendo "Mi amor no, no creas eso, yo no lo hice" el policía lo tomó de un brazo y lo sentó a la fuerza diciendo "Ya no necesito saber nada más de su versión, usted es el sospechoso principal así que mientras se demuestre su inocencia permanecerá aquí por prevención" le hizo una señal a otro oficial que le puso unas esposas en sus manos y se lo llevó a una celda. Sofie, que aún estaba confundida comenzó a llorar con más fuerza, no podía creer que el asesino de su madre fuese su futuro esposo.

"Usted es la segunda sospechosa del crimen, necesito conocer exactamente todo lo que su madre hacía en el día para descartar algunos detalles" le dijo el policía a Sofie mientras la miraba fijamente desde su escritorio. "Señor oficial mi madre después de que mi papá nos abandonara cayó en una profunda depresión, a pesar de eso era muy feliz pero su vida se volvió muy monótona. Todos los días hacía lo mismo" dijo secándose las lágrimas con un pañuelo y continuó "Por la mañana hacía el desayuno muy temprano, luego de que yo saliera a la Universidad iba a la tienda a comprar sus billetes de lotería, llegaba a casa para anotar los números que había comprado y esperaba que el cartero pasara con el periódico para revisar el número ganador del día anterior". "¿Su madre alguna vez había ganado un número?" preguntó el oficial. "Nunca señor, mi madre era adicta a la lotería" afirmó Sofie.

El oficial ya tenía todos los detalles que quería conocer, además de la Universidad le notificaron que Sofie sí había estado en clases así que no tenía nada que ver en el asunto pero Richard, ese sí tenía un historial muy largo de razones que lo apuntaban como el asesino de la Señora Turner. Primero la fuerte discusión con ella, segundo él afirmó encontrar la escena del crimen y además en su expediente una vez se había peleado en la secundaria con un compañero provocándole un hueso roto. Sofie, que se negaba a creerlo, pasó la noche en su casa sin poder dormir porque comenzaba a tener pesadillas relacionadas con sangre, cuchillos y su madre gritando. Era difícil soportar una muerte tan repentina y además provocada por su prometido que resultó ser un psicópata asesino.

Al día siguiente, en el funeral de la Señora Turner, Sofie prefirió hacer un evento privado y solo invitó a ciertos familiares cercanos. Aun así todos hablaban de cómo su novio mató brutalmente a su madre. Una tía de Sofie le dio un número de un detective muy famoso llamado McHeartley que podía ayudarla a buscar más pistas para que en el juicio le dieran a Richard cadena perpetua o incluso pena de muerte. Sofie estaba asustada, aunque él había matado a su madre era difícil aceptarlo pues era muy amoroso con ella y nunca había sido un hombre agresivo.

Hicieron el juicio del asesinato de la Señora Turner y Sofie asistió como testigo, cuando se presentaron todas las pruebas el Juez dio su veredicto "Richard Black es culpable del asesinato de la Señora Turner" los medios de comunicación estaban filmándolo todo y Sofie comenzó a llorar mientras el Juez continuaba diciendo "Esa mañana Richard Black entró a la casa por la puerta con dos botellas de champaña y un pastel para reconciliarse con la Señora Turner y como ella no aceptó que su hija se casara con él la asesinó, luego, como estaba nervioso, salió por la ventana de la habitación, escondió en algún lugar desconocido el arma asesina y entró a la casa de nuevo para llamar a la policía y a Sofie Turner; todo esto para quedar ante la justicia como inocente". Todo tenía sentido, la champaña, el pastel, todo encajaba perfectamente.

Sin embargo algo muy extraño sucedió. Los meses siguientes Sofie seguía en una profunda depresión y una mañana salió al parque a dar una vuelta y vio cómo se bajó de un coche muy lujoso el cartero que siempre llevaba el periódico a su madre ¿Cómo podía ser eso posible? Usaba un reloj de oro y si no fuese por su lunar encima del labio no lo hubiese reconocido. En ese momento recordó que desde el asesinato de su madre no había llevado nunca más el periódico con los resultados de la lotería. Algo definitivamente no encajaba y necesitaba la ayuda de alguien profesional pero no tenía dinero, incluso le faltaba dinero para comer. Nadie mejor que el detective McHeartley que se encontraba en su habitación comiendo pizza mientras acariciaba a su gato. "¿Sí hola?… ¿Claro que escuché del caso del hombre que mató a su suegra, suele ser común sabes, ellas suelen ser muy fastidiosas… ¿Que si puedo abrir una nueva investigación?… Claro que puedo ayudarte, si no tienes dinero puedo hacerlo sin problema… ¡Acepto!" Rosie le agradeció mucho al detective porque era el gesto más noble que alguien había hecho por ella en su vida.

El detective llegó a la casa y le pidió a Sofie que le revelara todos los datos, anotó las fechas, le preguntó sobre los periódicos y las anotaciones de su madre de los billetes de lotería que compraba. "Los oficiales de policía nunca me pidieron nada sobre sus anotaciones de los billetes de lotería, dejaron pasar esos detalles" dijo Sofie.

"La diferencia es que yo, el detective McHeartley soy un profesional y ni doscientos policías le ganan a mi capacidad de resolver misterios" afirmó. "Ahora necesito que me dejes solo, no trabajo con acompañantes", dijo mientras Sofie lo dejaba solo en el sofá.

McHeartley comparó el número que salió en la lotería nacional un día antes del asesinato de la Señora Turner y descubrió lo que nadie se había molestado en investigar. Hizo algunas llamadas para confirmar informaciones y le dijo a Sofie a media noche: "Mañana que toda la prensa nacional, los jefe de policía y los vecinos estén frente a esta casa. Voy a decir a verdad, este caso era obvio, tan obvio que lo resolví en tan solo una hora ¡Qué vergüenza para la policía! otra vez ganaré yo" dijo. A la mañana siguiente no se hicieron esperar los reporteros, la policía y todo el vecindario. Sofie que aún no conocía el veredicto se sentó al lado de la mesa donde comenzó a dar el detective su declaración. "Este caso ha puesto a prueba mi capacidad de resolver casos y me da vergüenza que la policía haya cometido el peor de los errores, Richard Black está preso injustamente" dijo con la voz calmada. El oficial de policía comenzó a protestar "¡Diga las pruebas novato!" el detective siguió hablando sin importarle las palabras del oficial.

"Sofie Turner dijo que su madre compraba champaña y pastel solo cuando había algo que celebrar y efectivamente ese día había algo que celebrar. La Señora Turner se enteró esa misma mañana que había finalmente ganado la lotería nacional, eché un vistazo en sus anotaciones y el número 1123, el mismo que ella compró, era el número ganador del día anterior. Su cartero le trajo el periódico, y ella, al mirar que había ganado fue corriendo a la tienda, compró todas esas cosas para celebrar con su hija y el cartero, lleno de envidia, entró a su casa por la ventana, le quitó el boleto ganador y la asesinó. Efectivamente el hombre que cobró el premio fue el Señor Harry Watson, el cartero de la Señora Turner y actualmente es un millonario que vive en un departamento de lujo a no muchos kilómetros de aquí". El oficial de policía no podía creerlo, el detective McHeartley era un verdadero profesional.

Finalmente Richard fue puesto en libertad, Harry Watson el cartero fue condenado a cadena perpetua por haber robado un billete de lotería y por asesinar a la Señora Turner. Le dieron a Sofie todas las propiedades y el dinero de Watson, se casó con Richard y terminó la Universidad al año siguiente.

Summary

SPANISH

¡Alguien asesinó a la Señora Turner! Richard, el novio de su hija encontró el cuerpo. La policía y las evidencias dicen que Richard es el asesino de su suegra, todos están conmocionados. Richard era un hombre muy amable y bueno pero el juez lo mete a la cárcel. Un día Sofie descubre una nueva pista, llama al detective McHeartley ¡y la historia cambia por completo!

ENGLISH

Someone has murdered Mrs. Turner! Mrs. Turner's daughter's boyfriend, Richard, was the first person to find the dead body. The police say that the evidence points to Richard being the murderer of his soon to be mother-in-law and everyone is shocked. Richard was a very kind and good man but the judge sends him to jail anyway. One day, Sofie the daughter, discovers something peculiar. She calls Detective McHeartley to investigate and the truth comes out!

Let's Tackle Some Grammar!

Aferrado: Clinging
Defenderse: Fend
Apuñaló: Stabed
Nevera: Fridge
Celebrar: Celebrate
Amorosa: Loving
Lotería: Lottery
Propiedad: Property
Gastos: Expenses
Facturas: Invoices
Descubrió: Discovered
Autoridades: Authorities
Despistar: Mislead
Sudor: Sweat
Grave: Serious
Novia: Girlfriend
Interrogatorio: Interrogation
Descifrado: Decoded
Enemigo: Enemy
Fuerza: Force
Esposas: Handcuffs
Celda: Cell
Esposo: Husband
Sospechosa: Suspicious
Detalles: Details
Monótona: Monotone
Desayuno: Breakfast
Billetes de lotería: Lottery Tickets
Anotar: Annotate
Adicta: Addict

Historial: Record
Razones: Reasons
Expediente: Case file
Pesadillas: Nightmares
Funeral: Funeral
Cadena perpetua: Life imprisonment
Pena de muerte: Death penalty
Veredicto: Verdict
Botellas: Bottles
Lujoso: Luxurious
Reloj: Clock
Comer: Eat
Suegra: Mother in law
Noble: Noble
Anotaciones: Annotations
Acompañantes: Companions
Vergüenza: Shame
Injustamente: Unfairly
Cartero: Postman
Premio: Prize
Lujo: Luxury
Kilómetros: Kilometers
Propiedades: Properties

Questionnaire

1) ¿A quién asesinaron?

        a) Señora Jackson
        b) Señora González
        c) Señora McHeartley
        d) Señora Turner

2) ¿Cómo se llamaba el novio de Sofie Turner?

        a) Richard
        b) Marlon
        c) Ricky
        d) Robinson

3) ¿Quién llamó al detective McHeartley?

        a) La tía de Sofie
        b) La Señora Turner
        c) Sofie Turner
        d) Richard

4) ¿Cuántas botellas de champaña había?

        a) 5
        b) 2
        c) 9
        d) 7

5) ¿Quién fue el asesino finalmente?

   a) El cartero
   b) Richard
   c) Sofie Turner
   d) Detective McHeartley

Answers:
1) D
2) A
3) C
4) B
5) A

Chapter 12:

El Asesino

(The Killer)

El oficial Parker estaba **sentado** en el borde de su cama, mirando una foto que **colgaba** en la pared. Todos los días hacía lo mismo, y todos los días tenía el mismo problema, ella ya no estaba con él. Sofía, su esposa, su amiga, su **amante** y su compañera de toda la vida ya no estaba con él. Parker miraba el **espacio** vacío en la cama preguntándose qué hubiera pasado si él hubiera estado ese día, o si la hubiera escuchado, hablado, algo. Todas las noches se quedaba despierto hasta que su cuerpo simplemente se apagaba. Al día siguiente, se levantaba, se duchaba y continuaba con la rutina de todos los días. Los fines de semana eran los únicos días en los que podía **descansar**, o mejor dicho, ahogar sus **penas** con alcohol. Cada día era igual que el otro, y todo era una **nube** gris de tristeza, alcohol, penas y **dolor**.

Sofía había decidido quitarse la vida un mes atrás, y no importaba cuánta **terapia**, cuántas veces le dijeran "Dios tiene un plan", cuántas veces intentara meditación zen o cualquier tipo de medicación para sobrevivir la depresión, Parker jamás iba a superar la pérdida. En las noches, cuando el **clima** lo permitía, Parker solía subir a la

terraza y sentarse en el borde del edificio, justo donde Sofía había decidido **saltar** y **terminar** con todo. La depresión de Sofía no era la única razón por la que lo hizo. Su matrimonio estaba ya en caída libre, un accidente a punto de suceder y solo se podía ver desde afuera el caos y la destrucción que sería cuando finalmente terminara. Parker, durante tantos años, estuvo **obsesionado** con atrapar a un asesino en serie, sería su último caso, un violador y asesino que acechaba de noche en la ciudad como un animal buscando a su próxima presa. El saber que estaba ahí afuera planeando su próximo ataque hacía que a Parker le hirviera la sangre, perdiendo el control de todo. Su obsesión por atraparlo hizo que se perdiera **cumpleaños**, **aniversarios**, incluso cuando a Sofía le diagnosticaron un severo caso de depresión, él tampoco paró en su búsqueda por la justicia. Las pocas veces en las que estaba presente en el hogar, Parker estaba **distante**, como si su cabeza estuviera en otro mundo, en otro lugar. No importaba cuánto lo intentara Sofía, el amor que tenían, ese amor **juvenil** y hermoso, había llegado a su fin y con él, el **matrimonio**. A esas alturas, poco antes del suicidio, solo se peleaban y discutían hasta altas horas de la noche.

El día del **suicidio**, Parker había llegado a su apartamento con tal de buscar algo de ropa y volver al trabajo, cuando encontró una nota de suicidio. Subió rápidamente a la terraza, y ahí fue cuando la vio. Sofía de pie encima del borde del edificio, esperando tener el **coraje** para finalmente saltar. Como única respuesta a sus gritos, ella giró su cabeza lentamente, lo miró con una profunda tristeza en los ojos, y se dejó caer. El grito de Parker fue eterno, **gigante**, **enorme**. Triste.

Su móvil sonó, alejando el recuerdo como una neblina. Era Miguel, un viejo conocido. Ladrón de poca monta, que se aprovechaba bastante de la situación de Parker para ofrecerle drogas y alcohol a precios muy razonable, claro está, siempre y cuando ignorase ciertos atracos o robos aquí o allá. Terminó su botella de whisky, la quinta en los últimos días y a duras penas, contestó.

"Tengo unas pastillas **especiales** para ti, oficial", la voz de Miguel sonaba del otro lado del teléfono, "Pero ya sabes cuál es el trato".

Parker miró el teléfono con disgusto, y solo atinó a contestar "¿Qué quieres?" Miguel, alegre porque sabía que tenía al policía comiendo de sus manos dijo "Solo que ignore cierto problema que habrá esta noche. ¿Cree que pueda hacerlo?"

El oficial miró el techo de su habitación. Odiaba el día en el que decidió probar esas pastillas. Pero después de tanto alcohol, necesitaba algo más fuerte para que el dolor de no tener a Sofía no fuera más grande. Primero fue solo una, después de todo, conseguirlas para un policía sin **escrúpulos** no era tan difícil. Pero desde entonces, hacía tres semanas que **mezclaba** el alcohol y las pastillas para mantenerse todo el tiempo despierto. Y si no funcionaba al menos apagaba el dolor.

En la oficina, **todo el mundo** conocía la situación que él estaba viviendo con las adicciones, su jefe intentaba ayudarlo dándole menos trabajo para que sintiera menos estrés laboral. Ningún trabajo era tan importante, todos eran tareas de poca monta que hasta un ciego podría hacer pero sin embargo ayudaban a Parker a sentirse un poco útil. En el fondo, el oficial apreciaba ese gesto, por más vano que fuera. El último caso que le asignaron, sin embargo, era un poco **distinto** a los otros. Era la búsqueda de un asesino, quien hasta ahora solo había asesinado a dos personas, y todo indicaba que se encontraba suelto.

Parker, sentado en su escritorio, miró fijamente el **archivo** con toda la evidencia recolectada hasta ahora por el equipo de investigación de la policía. Era una carpeta de varias hojas, pero todas eran teorías de lo que había sucedido, o cuáles fueron los motivos por los que el asesino había cometido los crímenes. La única muestra de evidencia o de posibles pistas fue que un testigo reveló que el asesino tenía en su cuello un tatuaje de dos serpientes alrededor de un palo, usaba un reloj de oro en la **muñeca** izquierda y siempre llevaba un traje azul oscuro. Dentro de él una voz le decía que este caso no iba a ser como el resto. En su mente sabía que de alguna extraña manera, si lograba capturar a este asesino, quizás podía dejar atrás al fantasma de Sofía. Dejarla atrás y poder seguir adelante con su vida. Las lágrimas tomaron el control. Con un coraje que nunca pensó que iba a tener, se levantó ignorando las **miradas** de sus compañeros, entró a la oficina de su jefe y con **lágrimas** en los ojos le dijo que necesitaba ayuda para poder salir adelante. Necesitaba un nuevo comienzo. El **abrazo** del jefe pareció al de un padre que entiende a su hijo.

Una semana después, Parker ya sobrio y limpio de cualquier droga, siguió investigando el caso del asesino del tatuaje. Habían sucedido tres crímenes más, uno involucraba a una anciana, otro a una estudiante y el último a una **instructora** de yoga. Parker estaba a un paso

144

de encontrarlo, en el segundo caso se le escapó por muy poco así que decidió no descansar hasta **hallar** más datos de su **escondite** o zonas preferidas para **atacar**. En una de sus patrullas habituales, cerca de un callejón oscuro, pudo ver a una mujer que se encontraba un poco perdida. Quizás una turista perdida. Y ahí lo vio. Detrás de ella, una sombra que se acechaba como una **pantera** ante un **alce** herido. Llegó a ver el reflejo de un reloj dorado en el brazo izquierdo del acechador, y se acercó, sobando el arma y gritando que era policía. Parker comenzó a perseguirlo completamente seguro que estaba ante el asesino del tatuaje. Al llegar a un **callejón** sin salida, el asesino se giró y empezó pelear con el oficial. Parker sentía que eso era personal. Que si lograba vencerlo, todo iba a estar bien. **Puños**, **patadas**, **golpes**, **insultos**. Finalmente, el asesino estaba tirado en el suelo. Llevaba una pequeña **bufanda** que tapaba su cara. Parker, temeroso y muy dolorido, le quitó la bufanda. Quería ver la cara de la persona que había matado a tanta gente.

Los ojos de Sofía le devolvían la mirada. En su **cuello** tenía el tatuaje de la serpiente, ese que había mencionado un testigo hace tantos meses atrás. Sofía, con voz temblorosa dijo "Sí, fui yo. **Fingí** mi muerte. ¿Acaso no te diste cuenta?"

Parker retrocedió en horror absoluto. No podía creer lo que estaba viendo. Ella continuó hablando "Todo este tiempo estuviste persiguiéndome y es curioso porque ahora siento que me prestas la atención que merezco. Tuve que comenzar a matar gente para que te importara". **Tosió** un poco de sangre "Quería saber qué se sentía que estuvieras obsesionado conmigo. Quería dejar de sentirme una fantasma en la relación". Sofía lloraba, llena de ira. Odiaba toda esta situación. Parker no podía emitir palabra, estaba completamente horrorizado, cuando logró ver que Sofía se estaba **muriendo** y trató de abrazarla. Cuando lo hizo, logró ver la sangre de una herida de cuchillo por culpa de la pelea. "Dios, no, no te mueras, por favor, no te mueras, voy a cambiar, te lo juro". Parker tomaba los cabellos de Sofía y los acariciaba lentamente. Ella ya no estaba. El grito que el oficial dio, fue largo, muy largo y fuerte. Se desmayó.

Parker se despertó en una habitación de hospital, blanca por todos lados. Una voz cerca de él le habló. "¿Cómo te sientes?", el oficial comenzó a mirar a todos lados de su habitación, y pudo notar un reloj de **oro** en la mesa de escritorio, un traje azul oscuro colgado de una **percha**, y el logo del hospital, dos serpientes rodeando un palo. El horror tomó por completo el control de Parker, quien comenzó a golpear y a gritar. Deseaba una explicación, deseaba entender qué era lo que estaba sucediendo. Más doctores entraron en la habitación, y mientras trataban de controlarlo, una voz muy familiar se escuchó cerca de él. "Amor, soy yo. Sofía". Las dulces manos de su esposa tuvieron un efecto inmediatamente calmante. "Estuviste en **coma** los últimos dos años" dijo con una tranquilidad especial. Y continuó, ante la vista desorientada de Parker. "Trataste de suicidarte hace dos años saltando desde el **techo** de nuestro edificio".

El oficial no entendía qué estaba pasando. "Creo que es hora que le digas toda la verdad" mencionó el doctor mientras miraba a Sofía. Ella asintió con tristeza, y miró a Parker a los ojos "Tienes un problema de personalidades

múltiples. Nunca fuiste policía. Eso fueron… ideas o ilusiones que te creaste para poder lidiar con tu depresión. Creías que eso te haría sentir más importante, alguien que mereciera respeto". Parker se quedó en silencio. Los doctores salieron de la habitación, dejando a la pareja con la privacidad que tanto necesitaban. Ambos hablaron durante largas horas, y las lágrimas de los dos se mezclaron con alegría. Quizás ahora podían tener una mejor vida. Al poco tiempo, pudieron volver a su casa, y la vida parecía estar bastante bien.

Un día, Sofía llegó a su hogar, y no logró encontrar a Parker. Buscó en el baño, en todas las habitaciones, pero no había ninguna señal de su marido. Desesperada, corrió hacia el techo del edificio. Ahí, en el lugar donde había intentado suicidarse hacía poco más de dos años, estaba Parker otra vez de pie. Sofía comenzó a gritarle, a pedirle por favor que no lo hiciera. Parker solo giró lentamente la cabeza y la miró.

Summary

SPANISH

El Oficial Parker luchaba contra la depresión después de haber visto a su esposa Sofía suicidarse saltando de la terraza del edificio. A pesar del alcohol y las drogas, él no podía olvidar verla caer. En su trabajo, le asignaron un caso donde tenía que seguir a un asesino que tenía un tatuaje de serpientes, un reloj de oro y una chaqueta azul. La historia toma un giro inesperado y comienza a relacionarse la realidad con la alucinación, las cosas no son lo que parecen.

ENGLISH

Officer Parker struggles with depression after witnessing his wife, Sofía, commit suicide by jumping off the terrace of their building. He tries to blot out the horrible memory with alcohol and drugs but he can't forget what he had seen. At work, he is assigned to catch a murderer who has a snake tattoo, a gold watch, and wears a blue suit. At the end, the story takes an unexpected turn and Officer Parker starts to confuse reality with his hallucinations. In this story, things are not what they seem.

Let's Tackle Some Grammar!

Sentado: Seated
Colgaba: Hanging
Amante: Lover
Espacio: Space
Descansar: Rest
Penas: Sorrows
Nube: Cloud
Dolor: Pain
Terapia: Therapy
Clima: Wheater
Terraza: Terrace
Saltar: Jump
Terminar: Finish
Obsesionado: Obsessed
Cumpleaños: Birthday
Aniversarios: Anniversaries
Distante: Distant
Juvenil: Youth
Matrimonio: Marriage
Suicidio: Suicide
Coraje: Courage
Gigante: Giant
Enorme: Huge
Especiales: Specials
Escrúpulos: Scruples
Mezclaba: Mixed
Todo el mundo: All the world
Distinto: Different
Archivo: Archive
Muñeca: Wrist

Miradas: Looks
Lágrimas: Tears
Abrazo: Hug
Instructora: Instructor
Hallar: Find
Escondite: Hiding place
Atacar: Attack
Pantera: Panther
Alce: Moose
Callejón: Alley
Puños: Fists
Patadas: Kicks
Golpes: Hits
Insultos: Insults
Bufanda: Scarft
Cuello: Neck
Fingí: I pretended
Tosió: He coughed
Muriendo: Dying
Oro: Gold
Percha: Hanger
Coma: Coma
Techo: Ceiling
Múltiples: Multiple

Questionnaire

1) ¿Cuál es el nombre del protagonista?

    a)   Parker
    b)   Michael
    c)   Jackson
    d)   McHeartley

2) ¿Cómo se llama la esposa?

    a)   Lucía
    b)   Clara
    c)   Sofía
    d)   Mara

3) ¿Cuál es el trabajo del protagonista?

    a)   Es policía
    b)   Es escritor
    c)   Es pintor
    d)   Es cocinero

4) ¿Qué sucedió con Sofía?

    a)   Murió
    b)   Fingió su muerte
    c)   Su muerte era una alucinación
    d)   No se sabe

5) ¿Qué es lo que sucede con el protagonista?

    a)   Está loco
    b)   Tiene varias personalidades
    c)   Se suicida
    d)   Todas las anteriores

Answers:

1) A
2) C
3) A
4) C
5) D

Conclusion

When I was younger, I remember I had a hard time learning in school. I was extremely energetic, always getting into trouble, and only interested in playing sports and trying to get the attention of the pretty girls. Sitting down and reading from a textbook was, in my mind, the most boring and mind-numbing activity ever! Kind of like a cruel and pointless punishment I felt I didn't deserve but had to endure for hours on end.

But there was one teacher that changed it all for me; Mr. Buckley. He was our science teacher and he had a special gift of knowing how to make every word or phrase jump from each page and come alive in a very magical way. He actively used examples that would help us relate by incorporating pop culture, stories, pranks, and hilarious jokes to keep our attention.

"In the scene where Spiderman saves Mary Jane, if they were to swing from right to left, which way should the direction of her hair fly?"

Or he would joke,

"Who here would like to see Principal Mills and grumpy, old Ms. Simmons reenact Spiderman and Mary Jane's epic upside down kissing scene?!"

I remember all of us students roaring with laughter and cheering so loud the teacher from the class next door came over to see what was going on. It was amazing to see even the typically more quiet and reserved students joining in and even discussing class later on in the day. Mr. Buckley changed the way I saw studying and learning, his passion and love for teaching was infectious and truly amazing.

In a way, I wrote this book to help do for you what my science teacher, Mr. Buckley did for me. I hope that I can in some way ignite that same fire and passion with these fun stories and help you to reach your goal of speaking Spanish fluently. There's truly no better way to learn Spanish than to really enjoy the process and to embrace learning as a fun and rewarding endeavor. I'm very proud that you've made it to the end of this book, and I'm also looking forward to what new goals you'll set for yourself and the many successes you will achieve in the future. No matter the obstacles, remember to keep moving forward. And don't ever give up. I'm rooting for you!

What Did You Think of Our Book?

First of all, thank you for purchasing our book! I know you could have picked any number of books to read, but you picked this one and for that I am extremely grateful.

I hope that it added value and quality to your day to day life. If so, it would be really great if you could share this book on social media with your friends or family who might also be trying to learn Spanish.

If you enjoyed this book and found some benefit in reading this, I'd like to hear from you and hope you can take some time to post a review on Amazon. Your feedback and support really help us and make a big difference. A short and simple review would be greatly appreciated!

Thank you so much!

Go to this link to leave a review today!

https://www.amazon.com/author/lingolime

WAIT! BEFORE YOU GO!

A VALUABLE BONUS GIFT!

We're giving away our new book,

"22 Deadly Language Learning Sins: That Kill Progress and Waste Your Time And How to Avoid Them"

…absolutely **FREE!**

In it, you'll find a goldmine of useful information, advice, and strategies that will help accelerate your learning PLUS save you a lot of time and effort.

For anyone trying to learn a new language, **this book is a must!**

Keep it, use it, enjoy it! It's my gift to you and my way of saying

"THANK YOU"

Check the link below for instant access now!

https://mailchi.mp/aa848a05cdbc/downloadbookfreelingolime

Made in the USA
Coppell, TX
29 October 2024